MARCO POLO

Salzburger Land
Salzkammergut
Salzburg

Reisen mit Insider Tipps

Diesen Führer schrieb Werner Thuswaldner.
Die Aktualisierung besorgte Siegfried Hetz, Kulturpublizist und Schriftsteller mit Wohnsitz in Wien und Mattsee.

marcopolo.de
Die aktuellsten Insider-Tipps finden Sie unter www.marcopolo.de, siehe auch Seite 108

MAIRS GEOGRAPHISCHER VERLAG

SYMBOLE

MARCO POLO INSIDER-TIPPS:
Von unseren Autoren für Sie entdeckt

★ **MARCO POLO HIGHLIGHTS:**
Alles, was Sie im Salzburger Land kennen sollten

HIER HABEN SIE EINE SCHÖNE AUSSICHT

WO SIE JUNGE LEUTE TREFFEN

PREISKATEGORIEN

Hotels

€€€	**über 110 Euro**
€€	**60–110 Euro**
€	**35–60 Euro**

Die Preise gelten für ein Doppelzimmer mit Frühstück. In Salzburg müssen Sie ungefähr mit dem doppelten Betrag rechnen!

Restaurants

€€€	**über 30 Euro**
€€	**20–30 Euro**
€	**10–20 Euro**

Die Preise gelten für ein Essen mit Vor-, Haupt- und Nachspeise ohne Getränke.

KARTEN

[114 A1] Seitenzahlen und Koordinaten für den Reiseatlas Salzburger Land

[U A1] Koordinaten für die Karte Salzburg im hinteren Umschlag

[O] außerhalb der Karte Salzburg

Wanderkarte »Nockrunde« auf Seite 97

Zu Ihrer Orientierung sind auch die Orte mit Koordinaten versehen, die nicht im Reiseatlas eingetragen sind.

GUT ZU WISSEN

Inhalt

Die wichtigsten MARCO POLO Highlights

Sehenswürdigkeiten, Orte und Erlebnisse, die Sie nicht verpassen sollten

1. **Festung Hohensalzburg**
Mittelalterliche Trutzburg – die größte ihrer Art in Mitteleuropa – und Ausweichquartier für die herrschenden Fürsterzbischöfe (Seite 28)

2. **Mozarts Geburtshaus**
Wo in der Stadt Salzburg einst die Wiege des musikalischen Genies stand, kann heute neben Möbeln und Autografen die Geige des Wunderkindes bestaunt werden (Seite 30)

3. **Stift Nonnberg**
Ältestes bestehendes Frauenkloster im deutschen Sprachraum (Seite 32)

4. **Trumer Seenland**
Ein Eldorado für Wasserfans, Wanderer, Radfahrer und Träumer (Seite 39)

5. **Freilichtmuseum Großgmain**
Höfe und Handwerkerhäuser, die vor dem Abriss gerettet wurden und Erstaunliches an bäuerlicher Baukunst zeigen (Seite 40)

6. **Benediktinerabtei Michaelbeuern**
Ein jahrhundertealter Hort der Erziehung und Bildung mit imposanter Bibliothek (Seite 46)

7. **Kammerhof in Bad Aussee**
Die Verwaltungszentrale des einstigen Salzstaates (Seite 53)

Weltkulturerbe Hallstatt

Bahn zur Festung Hohensalzburg

8 Hallstatt
Ein Ort, der seit 4000 Jahren Geschichte macht und heute zum Weltkulturerbe zählt (Seite 56)

9 Eisriesenwelt bei Werfen
Laune und Wunderwerk der Natur: die weltweit größte erschlossene Eishöhle (Seite 69)

10 Dürrnberg
Industrieansiedlung aus der Keltenzeit mit epochalen Funden und Schaubergwerk mit unterirdischem Salzsee (Seite 71)

11 Burg Mauterndorf
Auf der »Erlebnisburg« werden mittelalterliche Feste zelebriert (Seite 77)

12 St. Leonhard bei Tamsweg
Gotisches Kirchenjuwel mit eindrucksvoller Umfriedung und meditativen Glasfenstern in Gelb und Blau. Topadresse für Wallfahrten im Mittelalter (Seite 79)

An den Krimmler Wasserfällen

13 Krimmler Wasserfälle
Erfrischendes Naturdenkmal an einem Saumweg aus der Römerzeit (Seite 85)

14 Großglockner Hochalpenstraße
Eine kurvenreiche Fahrt auf den Spuren eines jahrtausendealten Handelswegs auf Österreichs höchsten Berg (Seite 93)

15 Tauernradweg
330 ebenso imponierende wie anstrengende Kilometer von Krimml bis Passau (Seite 100)

★ *Die Highlights sind in der Karte auf dem hinteren Umschlag eingetragen*

Entdecken Sie das Salzburger Land!

Barock und Berge, Schnee und Wasser, Ruhe und Rummel bieten das Salzburger Land, das Salzkammergut und die Stadt Salzburg

Es ist das unnachahmliche Zusammenspiel von Natur und Kultur, das den besonderen Reiz des Salzburger Landes und des Salzkammerguts ausmacht. Die Berge, ob eisbedeckt und zerklüftet oder mit sanft gewellten Almwiesen überzogen, lenken den Blick schnell auf sich und machen dem Ankommenden deutlich, in welche Höhen er sich wagen darf. Dazwischen eingebettet liegen die vielen in Grün- und Blautönen schimmernden Seen. Rauschend im Frühling, verhaltener im Sommer und Herbst stürzen die Achen, wie die größeren Bäche heißen, manchmal sogar über tosende Wasserfälle oder durch wild zerklüftete Schluchten dem Tal der Salzach zu. Der in Geld und Macht umsetzbare Inhalt des Füllhorns, das die Natur großzügig ausgeschüttet hat, steckte für lange Zeit in den Bergen. Der Abbau von Salz, Edelmetallen und Marmor hat die Besiedelung der Gegend von jeher beschleunigt. Kelten, Römer und Bajuwaren haben jeweils zu einer kulturellen Blüte beigetragen. Die Klostergründungen seit dem

Das weltberühmte Hallstatt liegt auf einem schmalen Uferstreifen

Die erfolgreiche Pferdezucht im Pinzgau hat eine lange Tradition

späten 6. Jh. schufen die Basis für die nachfolgende kulturelle und wirtschaftliche Entwicklung und legten damit den Grundstein für ein jährlich von vielen Millionen Menschen besuchtes Reiseziel.

Die Dörfer und Märkte mit den barock geformten Kirchen und den wuchtigen Häusern, aber auch die wenigen Städte sind beschaulich und überschaubar geblieben. Außer der Landeshauptstadt gibt es im Salzburger Land und im Salzkammergut keine Stadt mit mehr als 20 000 Einwohnern. Die unangefochtene Rolle des kirchlichen Fürstenstaates von der Mitte des 14. bis zum Anfang des 19. Jhs. hat der Stadt Salzburg zu einem bedeutenden kulturellen Status verholfen und dem Land einen Stempel auf-

Geschichtstabelle

4000–1800 v. Chr. Salzgewinnung in der Jüngeren Steinzeit auf dem Dürrnberg bei Hallein

1800–1000 v. Chr. Kupferbergbau am Mitterberg bei Bischofshofen

450–16 v. Chr. Das Gebiet Salzburg und das Salzkammergut sind Teil des Keltenreichs Noricum

16 v. Chr. Noricum wird römische Provinz. Juvavum (Salzburg) ist Munizipalstadt

696 Ankunft des späteren Landesheiligen Rupert in Salzburg

798 Salzburg wird Erzbistum

1287 Erstes Stadtrecht von Salzburg

1525/26 Bauernkriege, Belagerung der Festung Hohensalzburg

1623 Errichtung der Salzburger Universität

1732 Vertreibung von 22 000 Protestanten aus dem Land Salzburg. Ziele der Ausgewiesenen sind u. a. Ostpreußen, Hannover und Georgia in den USA

1756 Geburt Wolfgang Amadeus Mozarts

1803 Säkularisation des Erzbistums, bis 1805 Kurfürstentum

1806 Erster Anschluss an Österreich

1810 Regierungsübernahme durch Bayern, Aufhebung der Universität

1816 Salzburg kommt endgültig zu Österreich

1850 Salzburg wird österreichisches Kronland

1917 Gründung der Salzburger Festspielgemeinde

1920 Salzburg tritt dem Bundesstaat Österreich bei. Erste Festspiele mit der Aufführung des »Jedermann« von Hofmannsthal

1935 Eröffnung der Glocknerstraße

1938 Anschluss ans Deutsche Reich

1944/45 19 Bombenangriffe auf die Stadt Salzburg

1945–1955 Zeit der amerikanischen Besatzung

1960 Eröffnung des Großen Festspielhauses

1997 Die Salzburger Altstadt wird von der Unesco zum Weltkulturerbe erklärt

1998 Abschaffung des Proporzes bei Regierungsbildung im Salzburger Landtag

Salzburger Atmosphäre am Universitätsplatz mit der Kollegienkirche

gedrückt, dessen Spuren bis heute wahrnehmbar sind. Der italienisch anmutende Charakter der weiträumigen Plätze, der mächtige Dom, die edlen Palais – allen voran die erzbischöfliche Residenz – stehen in einem sympathischen Kontrast zu den mittelalterlichen engen Gassen und Häusern, in die das Licht wohl scheffelweise hineingetragen werden musste.

Zum Ende der Epoche des Fürsterzbistums wurde Wolfgang Amadeus Mozart geboren. Weil er sich den Vorstellungen des Landesherrn widersetzte, wurde er aus Salzburg vertrieben und ging nach Wien. Damals konnte niemand ahnen, welche Bedeutung dieses Jahrtausendgenie für Salzburg noch haben sollte. Auch ihm zu Ehren wurden gegen Ende des Ersten Weltkriegs die Festspiele gegründet; damit wurde zugleich ein weiteres bedeutendes Kapitel in der Biografie Salzburgs aufgeschlagen.

»Unnachahmliches Zusammenspiel von Natur und Kultur«

»Im Salzkammergut, da kann man gut lustig sein ...«, so heißt es bei Ralph Benatzky im »Weißen Rössl am Wolfgangsee«, einer der am meisten gespielten Operetten. Er hat Recht, auch wenn er damit nur einen Bruchteil des besonderen Charmes beschreibt. Die Attraktion liegt im Nebeneinander von Alt und Jung, von Tradition und Moderne, das allerdings nicht immer auf den ersten Blick ersichtlich wird. Die Region erstreckt sich über die drei Bundesländer Oberösterreich (72 Prozent), Steiermark (16 Prozent) und Salzburg (12 Prozent). Wirtschaftliche Interessen der Habsburger an den Salzvorkommen führten schon im 14. Jh. zur Gründung eines eigenen Salzwirtschaftsstaates mit Gmunden als Verwaltungszentrale. Im

Weit entfernt vom Freizeitrummel: altes Holzhaus mit Blick ins Rauriser Tal

19. Jh., als die Heilkraft der Sole entdeckt wurde, entwickelten sich rasch Kurorte. Bad Ischl ist zu einem der wichtigsten geworden, nicht zuletzt, weil Kaiser Franz Joseph hier über sechzig Jahre zur Sommerfrische weilte.

Heute ist das Kuren in den Hintergrund geraten. Dafür verlocken die mehr als siebzig Seen zum Schwimmen, Tauchen, Rudern, Segeln oder Faulenzen. Mit der Erschließung der Alpen blieb die von den Dreitausendern ausgehende Magie und Faszination nicht länger nur den Bergsteigern vorbehalten. Durch den Bau der Großglockner Hochalpenstraße und der Kraftwerkgruppe Glockner-Kaprun wurde eine touristische Infrastruktur geschaffen, die die Begegnung mit der Bergwelt sehr erleichtert. In den vergangenen Jahrzehnten hat sich das Bewusstsein der Natur gegenüber erheblich verändert. Die Zunahme des Schutzgedankens hat schließlich zur Gründung des Nationalparks Hohe Tauern geführt.

»Seenlandschaften und die Magie der Dreitausender«

Das Land Salzburg nimmt innerhalb der neun österreichischen Bundesländer nach wie vor eine Sonderstellung ein. Dies bringen nicht nur die aus Untersberger Marmor gehauenen Stelen, die an der Landesgrenze stehen, zum Ausdruck. Das Gewicht der Geschichte mag auch der Grund dafür sein, warum in Salzburg die Anfänge der alternativen und später der »grünen« Stadtpolitik zu finden sind. Der Salzburger Landtag beschloss als Erster in Österreich die Aufhebung des politischen Proporzes. Als jüngstes Beispiel der Sonderrolle sei die Aufnahme des Tierschutzes in die Landesverfassung genannt. Das Land ist in fünf politische Bezirke – Pinzgau, Pongau, Lungau, Tennengau, Flachgau – und mit der Stadt Salzburg in sechs Verwaltungseinheiten aufgeteilt. Auf einer Fläche von 7154 km² – etwa 8 Prozent des österreichischen Staatsgebietes – leben 520 000 Einwohner, davon zwei Drittel auf dem Land und ein Drittel in der Stadt. Nach wie vor sind rund 80 Prozent der Bevölkerung Katholiken. Der Anteil der Protestanten ist mit 3,5 Prozent verschwindend gering.

Salzburg zählte schon als Kronland zu den industrieärmsten Regionen der Monarchie. Waren bis nach dem Ersten Weltkrieg mehr als 50 Prozent der Bevölkerung in der Landwirtschaft tätig, sind es heute nur mehr 6 Prozent. Die Kinder und Enkel der Knechte und Mägde arbeiten heute im Handels- und vor allem im Dienstleistungsbereich, schließlich kommen jährlich 4,6 Mio. Gäste mit 21 Mio. Übernachtungen ins Land. Heute gibt es kaum einen landwirtschaftlichen Betrieb, der nicht vom Tourismus profitiert.

»Dörfer und Städte sind beschaulich geblieben«

Hat man das Glück, einem der immer seltener zu sehenden, vom Wetter gegerbten Gesichter zu begegnen, dann verrät es einiges von der einstigen Härte des Arbeitsalltags auf den Höfen. Der Lohn erschöpfte sich in Naturalien, und vom Züchtigungsrecht wurde auch nach der Abschaffung in den 1920er-Jahren weiter Gebrauch gemacht: Jahrhundertelang bestraften die Bauern kleinere Vergehen und mangelnden Arbeitseinsatz durch körperliche Züchtigung. Beim zweiten Hinschauen signalisieren die funkelnden Augen aber auch, obwohl ich nicht mit allem einverstanden bin, möchte ich trotzdem auf keinem anderen Platz der Welt gelebt haben.

Bauernherbst

Erntedank mit Freunden und Gästen

Der Bauernherbst findet in 82 Orten des Salzburger Landes und des Salzkammerguts statt. Bauern laden zur Besichtigung ihrer Höfe ein und erklären landwirtschaftliche Arbeitsabläufe, ländliches Handwerk wie Fassbinden, Dengeln oder Trachtenschneiderei wird gezeigt (freier Eintritt in Heimatmuseen). In den Kochtöpfen werden herbstliche Spezialitäten nach alten Rezepten zubereitet. An Verkaufsständen werden selbst gemachte Produkte wie Marmelade, Honig, Käse, Würste, Brot und Schnäpse sowie handgestrickte Jacken oder Bauernstickerei angeboten. Informationen (auch zu Zimmerarrangements) gibt es bei den örtlichen Tourismusverbänden oder beim *SalzburgerLand Tourismus, Tel. 0662/668 80, Fax 66 88 66, www.bauernherbst.com.*

1975
Mozart's Geburtshaus
Eingang

Alte Schätze und Zukunftsforschung

Das Salzburger Land ist eine jahrtausendealte Kulturlandschaft im Spannungsfeld zwischen Bewahren und Erneuern

Dopplereffekt

An der Veränderung der Tonhöhe bei rascher Annäherung oder Entfernung, z. B. eines Zuges, kann der Dopplereffekt beobachtet werden. Christian Andreas Doppler, so viel kann ohne Übertreibung festgestellt werden, ist nach Mozart der bekannteste Salzburger. 1803 im Haus Makartplatz 1 als Sohn einer Steinmetzfamilie geboren, studierte er am Polytechnischen Institut Wien, der heutigen Technischen Universität, Mathematik, Physik und Geometrie. Obwohl seine Entdeckung zeit seines Lebens umstritten blieb, wurde er 1850 zum ersten Direktor des neu gegründeten Physikalischen Instituts an der Universität Wien berufen. Im zweiten Stock seines Geburtshauses wurde kürzlich in den Originalwohnräumen eine Forschungs- und Gedenkstätte eingerichtet.

Durchhäuser

Sie gehören ebenso zu Salzburg wie die unverwechselbaren Gassen und Plätze. Die Durchgänge von der Getreidegasse zum Universitätsplatz oder zur Seite der Griesgasse hin erschließen die tiefen Häuserblöcke und verkürzen die Wege. Blumengeschmückte Arkaden und Marmorportale zeugen von bürgerlichem Wohlstand, der von der Straße abgewandt gezeigt wurde. Die vielen, zum Teil exquisiten Geschäfte und Cafés schaffen eine lebendige Atmosphäre.

In Salzburgs Getreidegasse wurde Wolfgang Amadeus Mozart geboren

Enge

Salzburgs Gassen sind eng, und die Fläche der Altstadt zwischen Salzach und Festungs- bzw. Mönchsberg ist nicht größer als die eines Autobahn-Kleeblattes. Hier ist aber eine andere Enge gemeint, eine Enge des Kopfes und zuweilen auch des Herzens. Mozart und Thomas Bernhard sind die Berühmtesten derer, die unter dem geistigen Klima Salzburgs litten und ihm entflohen. »Ich kann wohl sagen, daß ich gar kein Vergnügen habe – gar keines – als das einzige, daß ich nicht in Salzburg bin«, schreibt Mozart 1781 in einem Brief an seinen Vater. Und bei Thomas Bernhard heißt es, dass die »Schönheit dieses Ortes und dieser Landschaft genau jenes tödliche Element auf diesem tödlichen Boden« ist. Welche Werke, muss man sich bang fragen, wären nie entstanden, hätten ihre Schöpfer nicht so sehr gelitten.

Fürsterzbischöfe

In der Mitte des 14. Jhs. wurde Salzburg geistliches Fürstentum und blieb es bis 1803. Der Fürsterzbischof übte zugleich kirchliche und weltliche Macht aus. Ab dem 16. Jh. wurde Salzburg mit dem Neubau des Domes und der Residenz großzügig ausgebaut. Die kirchliche Vorherrschaft erschwerte die Ausbildung des Adels wie auch des frühen Bürgertums. Nach der Säkularisierung fiel das Land als Kurfürstentum an Ferdinand III., einen in der Toskana entthronten Habsburger. Den kostbaren Schatz des Erzstiftes entführte Ferdinand nach Würzburg, später nach Florenz. Der Rest kam nach Wien, als Salzburg 1816 schließlich österreichisch wurde. 1823 wurde das Erzbistum wieder errichtet, freilich ohne seine weltlich-politische Machtposition.

Internationale Bibliothek für Zukunftsfragen

Der Genius Loci Salzburgs zieht nicht nur Künstler an. Robert Jungk, der 1913 in Berlin geborene Zukunftsforscher und Träger des Alternativen Nobelpreises (1986), ließ sich 1970 in Salzburg nieder und begründete die Robert-Jungk-Stiftung. Die Bibliothek ist für jedermann zugänglich. Sie sammelt und analysiert zukunftsrelevante Informationen, veranstaltet Zukunftswerkstätten und Seminare, und sie war am Aufbau der Futuresco-Datenbank der Unesco beteiligt.

Ja! Natürlich

Wer in Österreich Lebensmittel aus biologischer Landwirtschaft kauft, kommt an diesem Logo nicht vorbei. Die Wurzeln der »Ja! Natürlich«-Produkte liegen im Nationalpark Hohe Tauern. Durch langfristige Verträge, Abnahme- und Preisgarantien sowie Qualitätszuschläge wurden kleinbäuerliche Strukturen erhalten und gefestigt, was auch

Die Festung Hohensalzburg und der Dom prägen Salzburgs Stadtbild

den Weiterbestand der unverwechselbaren Kulturlandschaft sichert.

Jedermann

Der Dichter Hugo von Hofmannsthal, der Komponist Richard Strauss und der Theaterregisseur Max Reinhardt beriefen 1918 gemeinsam mit dem Dirigenten Franz Schalk und dem Bühnenbildner Alfred Roller einen Kunstrat ein, der die Idee der Festspiele durchsetzte. »Salzburg will dem geistigen Besitz der Welt dienen. Der Glaube an Europa ist das Fundament unseres geistigen Daseins ...«, hieß es im programmatischen Entwurf Hofmannsthals. Der Erste Weltkrieg war zu Ende, die Welt ordnete sich neu. Niemand konnte ahnen, was mit der ersten Aufführung des »Jedermann« am 22. August 1920 auf dem Domplatz begann: eine nirgendwo sonst erreichte Erfolgsgeschichte der Festspiele mit allen Hohen und Tiefen. Seit 2002 ist der »Jedermann« in einer Neuinszenierung des gebürtigen Oberammergauers Christian Stückl mit Veronica Ferres als Buhlschaft und Peter Simonischek als Jedermann zu sehen. In Mundartfassungen kommt das Spiel vom Sterben des reichen Mannes jährlich in Mondsee, alle drei Jahre in Faistenau und gelegentlich in Grödig zur Aufführung.

Salz

Es ist das Salz – das »weiße Gold« –, dem Stadt und Land, die Salzach und das Salzkammergut den Namen verdanken. Die Salzlagerstätten im Dürrnberg bei Hallein sowie in Hallstatt und Umgebung machten die Gegend zu einer der ältesten Industrielandschaften der Welt, begründeten und festigten Macht und Reichtum der Salzburger Fürsterzbischöfe und veranlassten die Habsburger, zu Beginn des 14. Jhs. einen eigenen Salzwirtschaftsstaat – das Salzkammergut – zu betreiben. Heute wird in Hallein kein Salz mehr abgebaut, wohl aber in Hallstatt.

Schatzkammer Land Salzburg

Was 1986 in Neukirchen am Großvenediger mit dem Verein Tauriska begann, entwickelte sich bald zu einer Kulturinitiative, die weit über die Grenzen des Landes hinaus beachtet wurde und Anerkennung fand. Das ursprüngliche Ziel von Tauriska war, lokale und regionale Kulturinitiativen in der Region des Nationalparks Hohe Tauern anzuregen und zu fördern. Die »Schatzkammer Land Salzburg« arbeitet nach wie vor eng mit dem Verein Tauriska zusammen und ist wie dieser eng dem Wirken und Schaffen des Wirtschaftswissenschaftlers und Trägers des Alternativen Nobelpreises Leopold Kohr (1909–94) verbunden. Jüngste Projekte sind das Hinterseer Puppenstubenmuseum im Joseph-Mohr-Haus und die Wiederbelebung der ehemaligen Goldbergbauregion als Erlebnismuseum »Via Aurea«.

Schnürlregen

Wer nach Salzburg fährt, ist gut beraten, den Regenschirm nicht zu vergessen. Je kleiner er ist, umso besser. Sollte nämlich Regen einsetzen, führt dies zu Stau in den engen Gassen, weil die großen Schirme nicht aneinander vorbeipassen. Regen heißt in Salzburg Schnürlregen, meistens zumindest, weil das Wasser wie in Schnüren vom Himmel kommt. Schuld daran sind die

Im Wolkenmeer: Der Großglockner ist der höchste Berg Österreichs

Nordstaulagen: Atlantische West- und Nordwestwinde bringen zu allen Jahreszeiten feuchte Luftmassen, die sich am Gebirgsrand stauen und abkühlen.

Schriftsteller und Dichter

»Zitternd flattern Glockenklänge,/ Marschtakt hallt und Wacherufen./ Fremde lauschen auf den Stufen./ Hoch im Blau sind Orgelklänge.« Georg Trakl, der *poète maudit,* wie er sich selbst sah, war es, der der Literatur in Salzburg Weltgeltung verschuf. Der in Bad Gastein geborene Karl Heinrich Waggerl (1897 bis 1973), der später in Wagrain lebte, wurde dagegen als Idylle schaffender Heimatverkünder vermarktet und gefeiert. Georg Eberl (1893 bis 1975) und Franz Innerhofer (1944 bis 2002) beschrieben Schicksale von Knechten, Mägden und ledigen Kindern in der ersten Hälfte des 20. Jhs. Thomas Bernhard kam während des Zweiten Weltkriegs nach Salzburg, Carl Zuckmayer übersiedelte 1926 von Berlin nach Henndorf, Stefan Zweig lebte von 1919 bis 1934 auf dem Kapuzinerberg, Peter Handke wohnte von 1979 bis 1988 auf dem Mönchsberg, O. P. Zier aus St. Johann im Pongau siedelt seine Geschichten jenseits der Postkartenidylle an. Das Salzburger Literaturhaus Eizenbergerhof in der Strubergasse tritt seit 1991 erfolgreich als Ort der Literaturvermittlung und -präsentation auf und ist Sammelstätte der verschiedenen Literaturorganisationen.

Untersberg

Mit 1800 m ist er die höchste Erhebung des Flachgaus. Von Grödig führt eine Seilbahn hinauf, und in Fürstenbrunn wird schon seit keltischer und römischer Zeit der »echte« Untersberg-Marmor – meist lichtgelblich, auch rosarötlich bis gelb und weiß – abgebaut. Der Adneter Marmor ist dagegen rötlich braun. Was den Untersberg aber wirklich interessant macht, sind die Sagen und Legenden, die sich um ihn ranken. Die zahlreichen, bis heute unerforschten Höhlen sind von Riesen und Zwergen, Moosweibchen und wilden Frauen, von Feen und Elfen bevölkert. Über allem thront Kaiser Karl der Große (747–814), der mit seinem Gefolge in riesigen Prunksälen dem Weltende entgegenschlummert. Zwei Mal ist der Bart bereits um den großen Marmortisch gewachsen. Umspannt er ihn ein drittes Mal, erwacht der Kaiser, um seinem Volk in größter Not beizustehen.

Tracht

Eines vorweg: Die einheitliche und spezifische Salzburger Tracht gibt es nicht. Es ist wie mit dem Dialekt, der die Einflüsse der jeweils benachbarten Regionen nicht leugnen kann. Mittlerweile wird die Tracht nur noch vereinzelt bei festlichen öffentlichen Anlässen oder bei Hochzeiten und Begräbnissen getragen. Was heute an Trachtenkleidung angeboten wird, ist beides zugleich: Weiterentwicklung und Kommerzialisierung. Obwohl an Fachschulen die Trachtenschneiderei weiter gelehrt wird, gehen die feineren Handfertigkeiten doch nach und nach verloren.

Wasser

Wenn die ungeheuren Schneemassen in den Hohen Tauern schmelzen, stürzt das Wasser zu Tal. Diesen Umstand hat sich die Technik zunutze gemacht und setzt ihn zur Energiegewinnung ein. Die Kraftwerksgruppe Glockner-Kaprun arbeitet als Speicher- oder Hochdruckkraftwerk und liefert sozusagen auf Knopfdruck die benötigte Menge an Strom. Mit der technischen Großleistung, fertig gestellt 1955, hat sich die Zweite Republik ein frühes Denkmal gesetzt. Wasser war aber auch zur Herstellung wie zum Transport des Salzes vonnöten. Heute ist die Qualität des Wassers in den zahlreichen Badeseen ein kostbares Gut, das gepflegt und gehegt werden will. Kurorte wie Gastein, Vigaun oder Ischl profitieren von der Heilkraft des Wassers.

Die Kugel rollt

... und nur die in der blauen Verpackung ist von Hand gemacht

Gemeint ist jene Praline, mit einem Kern aus Pistazienmarzipan und mit feinem Nougat überzogen, die als Mozartkugel nach wie vor Furore macht. 1890 von Konditormeister Paul Fürst als »Mozartbonbon« erfunden, wurde sie 1895 auf der Pariser Gewerbeausstellung mit Gold prämiert. Kurz darauf gab ihr Konditormeister Schatz ihren heutigen Namen. Die blau bedruckte Stanniolhülle ist bis heute das Kennzeichen der handgefertigten Mozartkugeln.

Hotel
Goldener
Hirsch
Kupferschmiedhaus

Nockerln, Bladln und Kaiserschmarrn

Die regionale Küche tritt wieder qualitäts- und traditionsbewusst auf

Längst vorbei sind die Zeiten, in denen um 5 Uhr morgens eine ordentliche Portion »Pinzga Muas« – bestehend aus Mehl, Wasser, Salz und Butter – auf den Tisch kam, mittags, gegen elf, Knödel mit Kraut und abends, gegen 17 Uhr, Schottsuppe mit Kartoffeln als Beilage gegessen wurden. Vorbei ist aber auch die Zeit, in der auf der Speisekarte außer Schnitzel, Hawaiisteak mit Ananas und Pommes frites kaum etwas zu finden war. Die regionale Küche besinnt sich auf ihre Wurzeln, ergänzt und verfeinert sie den heutigen Essgewohnheiten entsprechend und konzentriert sich auf Produkte aus der Region wie Tauernlamm, Pinzgauer Rind oder Käse und Milchprodukte.

Dieses wieder erstarkte Selbstbewusstsein der Wirte trägt dazu bei, dass die deftige, ursprüngliche Küche nicht länger verleugnet wird. Damit hat zugleich auch das ausgeprägte Stadt-Land-Gefälle an Bedeutung verloren, zumindest was Essen und Trinken angeht. Die hohe Qualität, die die Salzburger Küche in den vergangenen Jahren erreicht hat, spiegelt sich auch im Fachurteil der Restaurantkritiker wider. So sind im Gault Millau drei Restaurants im Salzburger Land mit dem Adelsprädikat Vier Hauben ausgezeichnet: Schloss Prielau in Zell am See (Jörg Wörther), die Hubertusstube in Filzmoos (Johanna Maier) und das Restaurant von Karl und Rudi Obauer in Werfen. Auch wenn in der Stadt Salzburg und in ihrer unmittelbaren Umgebung das internationale Festspielpublikum eine kreative, regional gefärbte Küche gefördert hat, sind die ausgezeichneten Restaurants in jenen Regionen zu finden, wo eine unspezifische »internationale« Küche regionale und lokale Einflüsse bis in die 1980er-Jahre verleugnet hat.

Traditionsbewusstsein und aktuelle regionale Küche schließen sich nicht aus

Eine typische Salzburger Küche mit unverwechselbaren Gerichten gibt es nicht, vielmehr zeichnet sich jeder Landesteil durch einzelne Gerichte aus. So unterscheiden sich die Pinzgauer Kaspressknödel von den Lungauer Kasknödeln dadurch, dass der Bergkäse im Pinzgau härter und pikanter ist. Auch das Gelingen der Kasnocken hängt von der Käsequalität ab. Sie werden in einer großen Pfanne, die auf einem Pfannenknecht steht, und mit grünem Salat als Beilage aufgetragen.

Salzburger Spezialitäten

Lassen Sie sich diese Köstlichkeiten gut schmecken!

Bierfleisch – geröstetes Rindfleisch mit Schwarzbrotwürfeln, aufgegossen mit Bier und gewürzt mit Koriander, Wacholderbeeren und Kümmel

Biersuppe – Rindssuppe mit dunklem Bier, Zwiebeln und Schwarzbrotwürfeln, passiert und mit Zimt, Nelken und getoasteten Weißbrotwürfeln verfeinert

Bladl mit Sauerkraut – meist mit Roggenmehl zubereiteter Teig, in Quadrate oder Dreiecke geschnitten und in Fett ausgebacken. Beilage: gedünstetes Sauerkraut

Fleischkrapfen – Bladlteig, gefüllt mit gekochtem Rindfleisch (geselchter Schopf), Speck, Zwiebel, Knoblauch und Petersilie, in Fett ausgebacken

Kaiserschmarrn – aus Eiern, Mehl, Milch, Vanillezucker und Rosinen, meist mit Zwetschkenröster, einer Art Kompott, serviert

Kasnocken – eine Art Spätzleteig, durch ein Nockensieb in kochendes Wasser gedrückt, mit fein geschnittenem Pinzgauer Käse vermischt und mit gerösteten Zwiebeln oder Schnittlauch garniert

Kaspressknödel – Knödel aus Mehl, Wasser, Ei, Salz und Pinzgauer Käse, in Fett goldgelb ausgebacken und in Salzwasser gegart

Mostbratl – mit Selchspeckscheiben belegter und in ein Schweinsnetz eingeschlagener Schopfbraten, unter wiederholtem Aufgießen von Most gegart; dazu gibt es Kartoffel- oder Semmelknödel

Muas – einfacher Schmarrn aus Mehl, Salz und kochendem Wasser, in Butterschmalz gebacken und mit frischen Beeren (Johannis-, Heidelbeeren) oder Kirschen vermischt

Polsterzipf – in Fett ausgebackene Taschen aus Topfenteig, mit oder ohne Marmeladefüllung. Als Beilage eignen sich Apfelmus, Zwetschen- oder Hollerröster

Salzburger Nockerln – Masse aus steif geschlagenem Eiweiß mit Puderzucker, Eigelb, Mehl und geriebener Zitronenschale, im Ofen goldbraun gebacken

Schlipfkrapfen – Nudelteig mit Kartoffelfüllung. Die Krapfen werden in Salzwasser gegart und mit Reibkäse, zerlassener Butter und Schnittlauch serviert

Schottsuppe – Suppe aus Schwarzbrot, Schotten (Topfen aus Buttermilch), Sauerrahm und Salz

Was die Kasnocken für den Pinzgauer, sind Bladln und Fleischkrapfen für den Pongauer. Dazu gibt es Sauerkraut, das wegen seiner Haltbarkeit oft als Beilage zu finden ist. Die Flachgauer Stinkerknödel werden aus Kartoffelteig gemacht und mit Graukäse gefüllt.

Nocken (Nudeln) werden in allen Landesteilen gern gegessen, besonders in der süßen Variante mit Früchten der Jahreszeit wie Ribisel (Johannisbeeren), Moosbeeren (Heidelbeeren), Kirschen, Äpfeln, Birnen oder Zwetschen. Die adelige Krönung all dessen ist der Kaiserschmarrn, der seinen Ursprung im Salzkammergut hat. Rezeptur und Zubereitung hatte Kaiser Franz Joseph auf seinen Jagdausflügen bei den Holzfällern abgeschaut und höfisch verfeinern lassen.

Dagegen wird »Bachlkoch«, eine alte Speise aus dem Pinzgau, nur noch selten am 24. Dezember (Bachltag) mittags gekocht: In einen festen Brei aus Milch und Mehl werden Butterflocken eingezogen und vor dem Servieren einige Löffel warmer Honig darüber gegeben.

Die vielen Seen und Flüsse in der Umgebung der Stadt Salzburg lieferten ausreichend frischen Fisch für die höfische Tafel, wobei Karpfen und Forelle am beliebtesten waren. Fische und Flusskrebse sind auch heute noch ein wichtiger Bestandteil der Speisekarte.

Das Salzburger Land und das Salzkammergut sind keine Weinanbaugebiete. Dafür blickt die Gegend auf eine jahrhundertelange Biertradition zurück, was sich auch in der Speisezubereitung, wie etwa bei der Biersuppe oder dem Bierfleisch, einer Spezialität aus der Stadt Salzburg, niederschlägt. Der erste Braumeister wird Mitte des 13. Jhs. im Kloster St. Peter genannt. Die Stiegl-Brauerei in der Stadt Salzburg und die Brauerei Kaltenhausen bei Hallein gibt es seit über 500 Jahren. Seit dem 14. Jh. werden in den Städten und Märkten Brauhäuser erwähnt. Namen von Gasthöfen wie Bräurup in Mittersill oder Bräu in Lofer verweisen auf die einstige Konzession, Bier zu brauen. Die Privatbrauerei Sigl in Obertrum zählt zu den ältesten Weißbierbrauereien. Keinen Wein anzubauen heißt aber keinesfalls, nichts von Wein zu verstehen. Abgesehen von den Spitzenrestaurants zeichnen sich mittlerweile auch die meisten Gasthöfe und Restaurants durch ein qualitätsbewusstes Weinangebot aus, wobei die österreichischen Weine wie Zweigelt und Grüner Veltliner bevorzugt werden.

Salzburg ist nicht Wien, aber der Kaffee, der klassisch österreichisch als Brauner, Mokka oder Verlängerter serviert wird, steht dem Wiener in nichts nach. Einzig der Frühstückskaffee kann zu wünschen übrig lassen. Aber wo ist das nicht der Fall?

Mit der Rechnung kommt der Schnaps. Man muss kein Freund von harten Sachen sein, um einen selbst gebrannten Vogelbeerschnaps genießen zu können. Im Herbst, wenn die Früchte der Eberesche dunkelrot sind, beginnt der Wettkampf zwischen Schnapsbrennern und Vögeln. Wer ist der Schnellere? Ist es der Schnapsbrenner, gibt es im nächsten Jahr wieder einen »Vogelbeerenen«. Das Sortiment geht freilich weit darüber hinaus und schließt den Obstler wie den Birnen- und Marillenschnaps selbstverständlich mit ein.

Reber
ÖS 104,00
Mozart Kugeln
DIE ECHTEN REBER MOZART-KUGELN
ÖS 7,00
€ 0,51

Shopping für Individualisten

Hier gibt es wenig, was es woanders nicht auch gäbe, aber das Wenige ist durchaus exquisit

Einkaufsempfehlungen für das Salzburger Land, das Salzkammergut und die Stadt Salzburg sind schwerer zu geben als Hinweise auf landschaftliche Reize und kulturhistorische Extravaganzen. Einiges an Unverwechselbarem ist dennoch zu finden, und von den Mozartkugeln müssen es ja nicht die maschinell gefertigten sein.

In den zahlreichen Antiquitätengeschäften und Antiquariaten der Salzburger Altstadt haben die schönen Stücke ihren Preis, ebenso auf der jährlich zu Ostern in der ehemaligen fürsterzbischöflichen Residenz abgehaltenen Kunst- und Antiquitätenmesse. Auch wer ein Faible für Trachtenschmuck hat, wird fündig werden. Für den Kauf von Antiquitäten und Wertgegenstände jeder Art ist auch das *Dorotheum,* ein Pfand- und Leihhaus in der *Schrannengasse* **[U C2]**, eine sehr gute Adresse. Gute Chancen auf ein Schnäppchen bieten auch die meist an Wochenenden abgehaltenen Trödlermärkte. Von besonderem Flair ist der *Flohmarkt in Bad Ischl* auf der Esplanade (jeden ersten Samstag im Monat). Insider Tipp

Gut, dass es so viele davon gibt: Erfolgsrezept Mozartkugel

Trachtenmoden, darunter auch Maßanfertigungen, und ländliche Dekorstoffe nach Originalvorlagen gibt es im *Salzburger Heimatwerk (Residenzplatz 9)* **[U D5]**. Als einziger Hersteller weit und breit fertigt die *Stoffdruckerei Sekyra* in Bad Aussee *(Parkgasse 153)* Handdrucke, auch auf Seide und Leder, mit alten Modeln an. Insider Tipp

Lederhosen, wie sie bevorzugt im Ausseer Land getragen werden, sitzen erst dann gut, wenn sie sozusagen zur zweiten Haut geworden sind und reichlich Patina angesetzt haben. Der Kauf einer Lederhose ist Vertrauenssache: Es wird zwar auch bei mangelnder Sympathie Maß genommen, aber es ist keinesfalls immer eine ausgemachte Sache, dass das Bestellte auch tatsächlich geliefert wird.

Das Angebot auf den Bauernmärkten reicht vom handgemachten Rohmilchkäse glücklicher Kühe bis zu Selbstgestricktem. Die *Schranne,* jeden Donnerstag vom frühen Morgen bis mittags auf dem Salzburger Mirabellplatz, und der *Grünmarkt,* der täglich auf dem Universitätsplatz abgehalten wird, machen auf alle Fälle Appetit auf frisches Obst, Gemüse und andere Köstlichkeiten.

Feste, Events und mehr

Ob Oper oder Perchtenlauf – es geht um große Gefühle und den Lauf der Zeit

Offizielle Feiertage

1. Jan. *Neujahrstag;* **6. Jan.** *Hl. Drei Könige; Ostermontag;* **1. Mai** *Tag der Arbeit; Christi Himmelfahrt; Pfingstmontag; Fronleichnam;* **15. Aug.** *Mariä Himmelfahrt;* **26. Okt.** *Nationalfeiertag;* **1. Nov.** *Allerheiligen;* **8. Dez.** *Mariä Empfängnis;* **25. Dez.** *Christtag;* **26. Dez.** *Stephanitag*

Narzissenfest in Altaussee

Feste und Veranstaltungen

Januar

Zu *Dreikönig* (6. Jan.) gibt es *Perchtenumzüge* (Maskenumzüge) im *Gasteiner Tal, St. Johann, Bischofshofen, Altenmarkt* und *Rauris;* in *Gmunden* wird die Ankunft der drei Weisen über den Traunsee gefeiert, und in der Umgebung Salzburgs findet das *Aperschnalzen* statt.
Die *Mozartwoche*, das Salzburger Musikfest im Winter, ist Ende Januar der Pflege des Mozart-Œuvres gewidmet.

Februar/März

Insider Tipp Zum *Fasching in Bad Aussee* wird die Welt vier Tage lang auf den Kopf gestellt. Sehenswert sind die aufwändigen Flinserlkostüme, die Faschingsbriefträger, Trommelweiber (verkleidete Männer) und die »Pleß«, hässliche, ausgestopfte Figuren.

März

Während der *Rauriser Literaturtage* lesen Autoren aus dem deutschsprachigen Raum in Wirtshäusern, und für eine Roman-Erstveröffentlichung wird der Rauriser Literaturpreis verliehen.

April

Salzburger Osterfestspiele (von Palmsonntag bis Dienstag nach Ostern):

In zwei Zyklen kommen eine Oper und drei Orchesterkonzerte zur Aufführung.

Mai/Juni

Am 1. Mai wird in vielen Orten der Maibaum aufgestellt.
Am Pfingstwochenende werden unter der Schirmherrschaft der Salzburger Festspiele *Pfingstfestspiele* (hauptsächlich Barockmusik) aufgeführt.

Juni

★ *Narzissenfest* im *Ausseer Land:* Korso von Autos und Booten, die mit unzähligen weißen Narzissen kunstvoll geschmückt sind (Anfang des Monats)
Sonnwendfeuer auf den Kämmen und Höhen der Hohen Tauern (19.–21. Juni)
Pinzgauer Wallfahrt von Fusch an der Glocknerstraße nach Heiligenblut in Kärnten (Beginn 27. Juni)
Prangstangen in Zederhaus und Muhr: Das Tragen der Blumensäulen geht auf ein Gelöbnis zurück, das vor über 200 Jahren anlässlich einer Ungezieferplage gegeben wurde.

Juli/August

★ *Salzburger Festspiele* (Ende Juli bis Ende Aug.)
★ Internationales Tanz- und Theaterfestival *Szene*
Das *Salzburger Straßentheater* gastiert mit einer zugkräftigen Komödie auf Plätzen der Stadt Salzburg und in vielen Orten des Salzburger Landes.
Operettenfestspiele in *Bad Ischl*
Attergauer Kultursommer und *DiabelliSommer* in *Mattsee:* Kammermusik und Literatur
Samson-Umzüge im *Lungau:* Die bis zu 6 m hohe alttestamentarische Figur wird mit Musik und Tanz durch den Ort getragen.

September/Oktober

Ausseer Kirtag am ersten Septemberwochenende
Insider Tipp *Mondsee-Tage:* Literatur und Musik im *Schloss Mondsee*
Jazzfestival Saalfelden
Ruperti-Kirtag in der *Stadt Salzburg*
Bauernherbst in 82 Orten des Salzburger Landes und des Salzkammerguts
Almabtrieb mit geschmückten Tieren
Salzburger Kulturtage

November/Dezember

★ *Adventsingen* in vielen Orten und an jedem Adventwochenende im *Großen Festspielhaus* das *Salzburger Adventsingen*
Am 5. bzw. 6. Dez. in den meisten Orten *Krampusrummel*

Eröffnung der Salzburger Festspiele

Stadt der Bischöfe und der Musik

Je bekannter eine Stadt ist, umso weniger kennt man ihre Winkel

Karte in der hinteren Umschlagklappe

[115 D–E3] Salzburg ist viel mehr als das, was auf den Bildern, die um die Welt gehen, zu sehen ist. Das große geschichtliche Erbe und die Tradition als Landeshaupt- und Universitätsstadt sowie als Verwaltungs- und Handelszentrum lassen sich nicht immer harmonisch miteinander verbinden. Die Herausforderung besteht darin, den Charme der Altstadt für Millionen von Besuchern lebendig zu erhalten, ohne auch noch die letzten Einwohner zu vertreiben. Die Festspiele als mächtiger Wirtschaftsfaktor geben in vielem den Ton an, und das nicht nur, wenn sich der Taktstock hebt. Zum Festspielbezirk (Hofstallgasse und Max-Reinhardt-Platz) gehören das aus der ehemaligen Winterreitschule entstandene Kleine Festpielhaus, das bis zum Mozart-Jahr 2006 zu einer mozartspezifischen Spielstätte umgebaut sein wird, des weiteren die Felsenreitschule, die durch ihre beeindruckende Kulisse besticht, und nicht zuletzt das Große Festspielhaus mit über 2000 Sitzplätzen. Es wurde nach Plänen von Clemens Holzmeister gebaut und 1960 eröffnet. Nach dem Tod Herbert von Karajans 1989 läutete der Belgier Gérard Mortier eine neue Ära ein und verhalf den Festspielen zu einigen großen Erfolgen, teilweise auch zu einem neuen Publikum. Mit dem Komponisten und Dirigenten Peter Ruzicka an der Spitze zeichnet seit 2001 eine neue Führung verantwortlich.

Barock auf den ersten Blick: der Brunnen auf dem Residenzplatz

Mit der Bahn gelangt man bequem auf die Festung Hohensalzburg

Abseits von Mozart, Festspielen und bekannten Pfaden wartet eine Fülle von Winkeln und Plätzen darauf, entdeckt zu werden. Ein Blick von der Festung oder vom Mönchs- und Kapuzinerberg auf die Stadt zeigt deren Gliederung in den Dombezirk mit den zahlreichen Kirchen und Klöstern, in die sich anschließende Fürstenstadt mit großen Plätzen und feudalen Palästen

Der reiche Stuck betont die Helligkeit im Innenraum des Salzburger Doms

sowie in die Bürgerstadt, deren mittelalterliche Struktur mit engen und verwinkelten Gassen – Getreide-, Juden-, Gstätten- oder Steingasse – weitgehend erhalten geblieben ist. Dabei eröffnet sich auch der besondere Zauber, der in der Verbindung von Stadt und landschaftlicher Umgebung liegt. In dem 1967 erlassenen und mehrmals geänderten Altstadterhaltungsgesetz wurden große Teile der Stadt unter Schutz gestellt, was profitorientierten Bauplänen einen Riegel vorgeschoben, manches Innovative aber auch verhindert hat.

SEHENSWERTES

Dom **[U D5]**
Die älteste Bischofskirche des heutigen Österreich, ein frühbarocker Bau (1614–28) von Santino Solari, steht an der Stelle der ersten nachweisbaren Kirche von 774. Das lichtdurchflutete Innere stellt einen Kapellensaal mit Oratorien im Langhaus (99 m) dar, an die sich eine helle Dreikonchen-Ostpartie mit Vierungskuppel schließt. Prägend sind die einheitliche Stuckdekoration und die Gewölbemalereien. Kuppel und Gewölbe des Ostteils, bei einem Bombenabwurf 1944 zerstört, wurden rekonstruiert. Die Kanzel und eines der Domtore von Toni Schneider-Manzell sowie eines von Giacomo Manzù zählen zu den zeitgenössischen Bauteilen. Die Doppelturmfassade bietet eine beeindruckende Kulisse nicht zuletzt für die Aufführungen des »Jedermann«. In der Apsis und in der Krypta unter der Vierung befinden sich Grabdenkmäler. *Mo–Sa 6.30 bis 17 Uhr, So 6.30–19 Uhr*

Festung Hohensalzburg [U D–E6]
★ Machtgebieterisch und kraftstrotzend thront die Festung auf dem 119 m hohen Dolomitstock, seit Anfang der 1990er-Jahre wie im Mittelalter wieder strahlend hell getüncht. Die Bauzeit erstreckte sich über sechs Jahrhunderte und wurde mit dem Bau der Kuenburg-Bastei abgeschlossen. Während des Bauernkrieges 1525/26 bot sie Kardinal Matthäus Lang und seinen Vertrauten Zuflucht und Schutz. Der Öffentlichkeit steht die Festung seit 1870 offen, 1953 wurde sie von der Republik dem Land zur Verwaltung übergeben. Bequem ist die Fahrt mit der Festungsbahn (Talstation in der Festungsgasse). Beeindruckender ist aber der Aufstieg zu Fuß, entweder über die links vom Stationsgebäude beginnende Stiege, oder, weniger anstrengend, über die Festungsgasse. Die wichtigsten und schönsten Räume wie Goldene Stube, Goldener Saal und Festungskirche sind nur im Rahmen von Führungen zu besichtigen. *Tgl. 15. März–14. Juni 9–18 Uhr, 15. Juni–14. Sept. 8.30 bis 20 Uhr, 15. Sept.–14. März 9 bis 17 Uhr, Eintritt 3,55 Euro*

Friedhof St. Sebastian [U D3] Insider Tipp
Nach dem Vorbild eines Camposanto mit Arkadengang und Gruften Ende des 16. Jhs. umgestaltet, wurde der Ort Begräbnisstätte vieler Salzburger Familien. Wo von 1499 an Pesttote und Aussätzige verscharrt wurden, steht auch das Mozart-Familiengrab, in dem Mozarts Vater Leopold, Mozarts Witwe Konstanze und deren zweiter Ehemann Georg Nikolaus von Nissen bestattet sind. Wolfgang Amadeus Mozart ist auf dem St. Marxer Friedhof in Wien begraben.

Im Zentrum der Anlage steht die Gabrielskapelle, das Mausoleum, das sich Fürsterzbischof Wolf Dietrich von Raitenau im Stil der Spätrenaissance errichten ließ. Zwischen Kirche und Friedhof liegt das Grab von Paracelsus (Theophrast von Hohenheim, gestorben 1541), dem weit gereisten Verfasser kirchenkritischer Schriften und Arzt. *Im Sommer tgl. 9–19 Uhr, im Winter 9–16 Uhr*

MARCO POLO Highlights »Stadt Salzburg«

★ **Festung Hohensalzburg**
Die größte noch vollständig erhaltene mittelalterliche Festung Mitteleuropas (Seite 29)

★ **Mozarts Geburtshaus**
Das Haus in der Getreidegasse 9 ist Pilgerziel aller Salzburg-Besucher (Seite 30)

★ **Stift Nonnberg**
Die Abtei beeindruckt mit ihrer gotischen Basilika und der reichen Kunstsammlung (Seite 32)

★ **St. Peter**
Keimzelle der Salzburger Kirche und anrührendster Friedhof der Stadt (Seite 32)

Nostalgisch anmutender Schilderwald in Salzburgs Getreidegasse

Getreidegasse **[U C4]**
Salzburgs Renommiermeile hat mit dem Einzug der Filialen internationaler Mode- und Fastfoodketten beträchtlich an Charme verloren. Fassaden mehrerer Stilepochen, vom Mittelalter bis zum Historismus, fügen sich wie ein Band aneinander, Hausschilder und Zunftzeichen ergänzen das unverwechselbare Bild. Gedenktafeln erinnern an die Musiker Heinrich Ignaz Franz Biber und Sigismund von Neukomm. Im Haus Nr. 37 ist das das traditionsbewusste Festspiel-Hotel Goldener Hirsch etabliert.

Mozarts Geburtshaus **[U C4]**
★ Dreh- und Angelpunkt jedes Salzburg-Besuchs ist das Haus Getreidegasse 9, in dem Wolfgang Amadeus Mozart am 27. Dezember 1756 geboren wurde. In der ehemaligen Wohnung im dritten Stock sind originale Musikinstrumente wie Mozarts Kindergeige und Klavichord sowie Möbel, Gemälde und Autografen ausgestellt. *Sept.–Juni tgl. 9–18 Uhr, Juli/Aug. 9–19 Uhr, Eintritt 5,50 Euro*

Mozart-Wohnhaus **[U C3]**
1773 zog die Familie Mozart auf die rechte Salzachseite in das Haus Makartplatz Nr. 8. Das Gebäude, das während des Zweiten Weltkriegs zerstört worden war, wurde in den 1990er-Jahren mit kräftiger japanischer Finanzhilfe rekonstruiert. Im Tanzmeistersaal finden historische Konzerte statt, außerdem gibt es eine umfassende Sammlung von Film- und Tonaufnahmen sowie von Autografen. *Sept.–Juni tgl. 9–18 Uhr, Juli/Aug. 9–19 Uhr, Eintritt 5,50 Euro*

Pferdeschwemmen
Von der aufwändigen Hofhaltung der Fürsterzbischöfe zeugen auch die Pferdeschwemmen am Kapitelplatz **[U D5]** bzw. am Herbert-von-Karajan-Platz (Neutor) **[U C4]**. Die bauliche Gestaltung der »Pferdewaschanlagen« weist weit über ihre Funktionalität hinaus. Joseph Anton Pfaffinger schuf sowohl die Neptunplastik auf der Kapitelschwemme als auch die Brunnenfratzen auf der Marstallschwemme neben dem Neutor.

Residenz **[U D5]**
Die Ursprünge der fürsterzbischöflichen Macht- und Schaltzentrale gehen auf den Beginn des 12. Jhs. zurück. Das heutige Erscheinungsbild wurde zwischen dem späten 16. und dem 18. Jh. geprägt. Vom Residenzplatz aus, in dessen Mitte die Fontäne des 1656–61 errichteten Brunnens in die Höhe schießt, betritt man den Ehrenhof, von dem linker Hand eine Treppe ins *piano nobile* mit den Repräsentationsräumen führt, die man früher zu Pferde erklimmen konnte.

Das Neugebäude auf der Ostseite des Residenzplatzes, von Fürsterzbischof Wolf Dietrich ab 1588 als Gästehaus errichtet, wird zurzeit umgebaut. *Tgl. 10–17 Uhr, Eintritt 7,25 Euro*

Schloss Leopoldskron **[115 D3]**
1744 wurde das Schloss als Sommerresidenz des Fürsterzbischofs Leopold Firmian fertig gestellt. Nachdem das Gebäude mehrmals seine Eigentümer gewechselt hatte, erwarb Max Reinhardt es 1918. Bis zu Reinhardts 1938 erzwungener Flucht aus Österreich war Leopoldskron ein Treffpunkt internationaler Künstler. Während der Nazizeit war es Sitz des Gauleiters. Heute gehört es dem Salzburg Seminar, einer Privatstiftung, und ist öffentlich nicht zugänglich. Ein Spaziergang um den Weiher lohnt sich trotzdem.

Lyrik-Spaziergang

Auf den Spuren der dichterischen Inspiration Georg Trakls

Viele Gedichte Georg Trakls haben einen unmittelbaren Salzburg-Bezug, einige davon sind, in Marmortafeln graviert, an den Plätzen der Inspiration angebracht. Ausgangspunkt des Stadtspaziergangs ist der Waagplatz mit den Häusern Nr. 1 a und Nr. 3 **[U D4–5]**. Vom Friedhof St. Peter geht es über den Universitätsplatz 1 **[U C4]** weiter zur Bastei über dem Toscaninihof **[U C5]**. Von dort führt der Weg entweder über den Mönchsberg und Mülln oder durch die Altstadt auf die rechte Salzachseite. An der evangelischen Christuskirche **[U B3]**, am rechten Kopf der Eisenbahnbrücke **[U B1]**, im Mirabellgarten neben dem Barockmuseum **[U C2]** und am Haus Linzer Gasse 7 **[U D3]** sind weitere Tafeln angebracht.

Im Garten von Schloss Mirabell

Schloss Mirabell **[U C2–3]**
1606 ließ Fürsterzbischof Wolf Dietrich Lustschloss Altenau, wie Schloss Mirabell ursprünglich hieß, für Salome Alt, die Mutter seiner 14 Kinder, errichten. Später wurde es von Franz Anton Harrach umgebaut und zu einer geschlossenen Anlage zusammengefasst, der Garten wurde von Johann Bernhard Fischer von Erlach neu gestaltet. Nach einem Brand 1818 erfolgte der Aufbau im Sinne des Klassizismus. Beachtenswert ist der Aufgang zum Marmorsaal mit Skulpturen von Raphael Donner. Nach kaiserlicher Schenkung befindet sich das Schloss seit 1866 im Besitz der Stadt, seit 1947 ist es Sitz des Bürgermeisters und des Magistrats. *Tgl. 8–18 Uhr, Mirabellgarten 6 Uhr bis zum Einbruch der Dunkelheit, Eintritt frei*

Stift Nonnberg **[U E5–6]**
★ Die Benediktinerinnen-Abtei am östlichen Ausläufer des Festungsberges wurde um 700 vom hl. Rupert gegründet. Seine Nichte Erentrudis wurde die erste Äbtissin. Das Damenstift – der Adelszwang wurde 1848 aufgehoben – wurde mit reichem Grundbesitz ausgestattet und gilt als das älteste Frauenkloster im deutschsprachigen Raum. Die Klosterkirche, eine spätgotische Basilika auf romanischem Grundriss mit Querhaus, Krypta, drei Apsiden und Westturm, dominiert den Klosterkomplex. Neben den Resten gotischer Fresken sind vor allem das Chorfenster von 1480 und die Grabplatten der Äbtissinnen aus der Zeit ab dem 13. Jh. sehenswert. Das Kloster besitzt eine reiche Kunstsammlung: Plastik, Malerei und Kunsthandwerk (darunter ein Faltstuhl mit figürlichen Reliefs aus Walrossbein, 1. Hälfte des 12. Jhs.). *Nonnberggasse, seltene Führungen (Tel. 0662/841 60 70)*

St. Peter **[U C–D5]**
★ Die Benediktiner-Erzabtei, 582 (einigen Quellen nach erst 696) vom hl. Rupert gegründet, gilt als ältestes noch bestehendes Kloster im deutschen Sprachraum, dessen Äbte auch Bischöfe und Erzbischöfe waren. Die Keimzelle der Salzburger Kirche wurde 987 vom Erzbistum getrennt und erhielt das heutige Areal des Klosterbezirks.

Die Ursprünge des anrührendsten der Salzburger Friedhöfe reichen bis in die spätromanische Zeit zurück. Hier liegen der Dombaumeister Santino Solari, der Architekt Clemens Holzmeister und, in der so genannten Kommunengruft, Michael Haydn und Mozarts

Schwester Nannerl begraben. Auf dem Friedhof gibt es mehrere Kapellen, bemerkenswerte Gruftarkaden und Höhlenkirchen (Katakomben). Über dem Mausoleum aus dem 5. Jh. wurde 1125–47 die Stiftskirche St. Peter errichtet, die einzige erhaltene hochromanische Basilika der Stadt, mit Altarbildern von Johann Martin Schmidt (Kremser-Schmidt). 1924–26 wurde das *Collegium Benedictinum* nach Plänen von Peter Behrens an den äußeren Stiftshof angebaut, in dessen Mitte der Petersbrunnen steht. *Friedhof im Sommer tgl. 6.30 bis 19 Uhr, im Winter bis 18 Uhr*

Traklhaus am Waagplatz **[U D4–5]**

Hier wurde am 3. Februar 1887 Georg Trakl geboren, trotz seines schmalen Werks einer der bedeutendsten deutschsprachigen Lyriker des 20. Jhs. Er wuchs im Haus Waagplatz 3 (Café Glockenspiel) auf. In der 1973 gegründeten und 1987 erweiterten Trakl-Forschungs- und Gedenkstätte werden Möbel aus dem Besitz der Familie Trakl, Autografen, Fotos, Bilder und Dokumente verwahrt sowie Literatur und Filme über Trakl gesammelt. *Nur im Rahmen von Führungen zugänglich (Mo–Fr 11 und 14 Uhr), Eintritt 2,50 Euro, Tel. 0662/84 52 89, kulturvereinigung@salzburg.co.at, Waagplatz 1a*

MUSEEN

Nach jahrelangen Diskussionen ist es nun soweit: Mit dem Neubau des Museums der Moderne am Mönchsberg und der Adaptierung des Residenz-Neugebäudes für das Salzburger Museum Carolino Augusteum (SMCA) wird der unhaltbare Zustand der Salzburger Museumslandschaft beendet. Nach Fertigstellung Ende 2003 stehen im Museum der Moderne 2500 m^2 Ausstellungsfläche zur Verfügung.

Barockmuseum **[U C2]**

In der Orangerie des Mirabellgartens werden Zeichnungen, Ölskizzen und Bildhauermodelle europäischer Kunst des 17. und 18. Jhs. (Gian Lorenzo Bernini, Luca Giordano, Peter Paul Rubens, Johann Michael Rottmayr, Michael Zürn d. J.) gezeigt, hauptsächlich aus der privaten Sammlung von Kurt und Else Rossacher. *Sept.–Juni Di–Sa 9–12 und 14–17 Uhr, Juli/Aug. 9–17 Uhr, So und feiertags während der Festspielzeit 10–13 Uhr, Eintritt 3 Euro, www.barockmuseum.at, Mirabellgarten*

Carolino Augusteum **[U B–C 3–4]**

Das Salzburger Museum Carolino Augusteum (SMCA), seit der bescheidenen Gründung 1834 als »Provinzialmuseum« fortlaufend erweitert, umfasste ursprünglich die Sammelbereiche Geschichte, Kunst und Natur. 1944 durch Bomben zerstört – die Bestände waren längst ausgelagert –, wurde es 1967 mit einem Neubau wieder eröffnet. Die umfangreichen Sammlungen beherbergen Objekte von der Steinzeit bis in die jüngste Vergangenheit und enthalten Ausgrabungsgegenstände ebenso wie Gegenstände der höfisch-städtischen und bäuerlichen Kultur. Die keltische Schnabelkanne vom Dürrnberg (44 v. Chr.) zählt zu den Glanzlichtern des Hauses. *Fr–Mi 9–17 Uhr, Do 9–20 Uhr, Eintritt 3,27 Euro, Führungen, www.smca.at, Museumsplatz 1*

Blick ins Dommuseum

Dommuseum **[U D5]**
In dem 1974 in den Domoratorien und in den südlichen Dombögen eingerichteten Museum werden Restbestände des Domschatzes und der erzbischöflichen Kunst- und Wunderkammer gezeigt sowie Kunstwerke aus der Erzdiözese, die aus Sicherheitsgründen nicht am ursprünglichen Standort belassen werden können. Unterhalb der nördlichen Dombögen befindet sich das Dom-Grabungsmuseum mit Resten der Vorgängerkirchen. *Mitte Mai–Okt. Mo–Sa 10–17 Uhr, So 13–18 Uhr, Eintritt 4,50 Euro, Führungen, www.kirchen.net/dommuseum, Eingang in der Domvorhalle*

Haus der Natur **[U B3–4]**
Das Museum für darstellende und angewandte Naturkunde, 1924 aus der naturwissenschaftlichen Sammlung des SMCA entstanden und weit über die Grenzen des Landes hinaus bekannt, deckt in über 80 Schauräumen eine große Spannbreite naturgeschichtlichen Interesses ab. Es gibt außerdem ein Großaquarium mit 41 Schaubecken, einen Reptilienzoo mit über 200 Tieren und ein Biolabor für Kinder und Jugendliche. *Tgl. 9 bis 17 Uhr, Eintritt 4,50 Euro, www.hausdernatur.at, Museumsplatz 5*

Residenzgalerie **[U D5]**
Die 1923 gegründete Landesgalerie mit den Sammlungen Czernin und Schönborn-Buchheim zeigt in ehemaligen fürsterzbischöflichen Repräsentationsräumen einen Querschnitt der europäischen Malerei des 16. bis 18. Jhs. sowie der österreichischen Malerei des 19. Jhs. *April–Sept. tgl. 10–17 Uhr, Okt. bis März Do–Di 10–17 Uhr, Eintritt 4,70 Euro, www.residenzgalerie.at, Residenzplatz 1*

Rupertinum **[U C5]**
Salzburgs Museum für moderne Kunst, 1983 in einem ehemaligen Seminar für Priesterzöglinge eingerichtet, beherbergt neben hauptsächlich grafischen Werken von Gustav Klimt, Alfred Kubin, Käthe Kollwitz, Lyonel Feininger und Marc Chagall als Schwerpunkt das druckgrafische Werk Oskar Kokoschkas. Laufend Sonderausstellungen. Integriert ist die erste österreichische Fotogalerie mit über 6000 Werken. *Ende Aug.–Mitte Juli Di–So 10–17 Uhr, Mi 10–21 Uhr, Mitte Juli–Ende Aug. Do–Di 10 bis 18 Uhr, Mi 10–21 Uhr, Eintritt 9 Euro, www.rupertinum.at, Wiener-Philharmoniker-Gasse 9*

Cafés

Neben den Renommiercafés *Bazar (Mo geschl. außer Festspielzeit, mit*

Terrasse direkt an der Salzach, Schwarzstr. 3) **[U D4]** und *Tomaselli (Alter Markt 9)* **[U D4]**, wo die süßen Verführungen von Kuchenmamsellen am Tisch präsentiert werden, sei auch die *Konditorei Schatz* genannt *(So geschl., im Schatz-Durchhaus, Getreidegasse 3)* **[U C4]**.

ESSEN & TRINKEN

Es empfiehlt sich, auf das Preis-Leistungs-Verhältnis zu achten, das in Salzburg nicht immer akzeptabel ist. Im Sommer haben manche Restaurants nach 22 Uhr (wenn bei den Festspielaufführungen der Vorhang fällt) erhöhte Preise.

Insider Tipp
Ährlich **[U D3]**
Intelligente Vollwertküche. Das erste lizenzierte Bio-Restaurant Österreichs. *Sa mittags und So geschl., Wolf-Dietrich-Str. 7, Tel. 0662/87 12 75 39,* €€

Bräustüberl **[U A2]**
Was im Augustinerbräu vor allem zählt, sind die alten Kastanienbäume und das Bier. Großes Angebot an Salaten, Braten usw., Selbstbedienung an Buffets. *Tgl., Augustinergasse 4, Tel. 0662/431 24 60,* €

Brandstätter **[O]** Insider Tipp
Gutbürgerliches Ambiente und eine der feinsten Küchen Salzburgs. In der Nähe der Autobahnabfahrt West. *So geschl., Münchner Bundesstr. 69, Tel. 0662/43 45 35,* €€

Krimpelstätter **[U A2]**
Ungekünstelte Atmosphäre, originelle Speisekarte mit bodenständigen Gerichten. Schöner Garten. *Mai–Sept. Mo geschl., Okt.–April So und Mo geschl., Müllner Hauptstr. 31, Tel. 0662/43 22 74,* €

Schwaitlalm **[115 E3]**
Bestens geführtes Lokal (auch Hotel) auf einer Anhöhe südlich der

Süße Verführung mit Stil: das Café Tomaselli

Stadt. Italienische Küche. *Di geschl. außer Festspielzeit, Vorderfager 39, Elsbethen, Tel. 0662/62 59 27, €€€*

Shakespeare **[U C2]**
Spezialisiert auf chinesische Küche, außerdem Hausmannskost. *Tgl., Hubert-Sattler-Gasse 3, Tel. 0662/87 91 06, €*

Insider Tipp
Zum Fidelen Affen **[U D3]**
Bierlokal mit deftiger Küche in altem Gemäuer. *Tgl., Priesterhausgasse 8, Tel. 0662/87 73 61, €*

ÜBERNACHTEN

Amadeus **[U D3]**
Neben dem Sebastiansfriedhof, ruhige Lage. Altösterreichischer Gasthof, die Zimmer sind eher klein. *27 Zi., Linzer Gasse 43–45, Tel. 0662/87 14 01, Fax 871 40 17, www.hotelamadeus.at, €–€€*

Elefant **[U C–D4]**
Traditionsreiches Haus, ruhige Lage im Herzen der Altstadt, behagliche Atmosphäre. *30 Zi., 1 Penthouse, Sigmund-Haffner-Gasse 4, Tel. 0662/84 33 97, Fax 84 01 09 28, www.elefant.at, €€€*

Europa **[O]**
Generalsaniertes Haus gegenüber dem Hauptbahnhof, klimatisiert. Grandioser Blick in den oberen Etagen. *103 Zi., Rainerstr. 31, Tel. 0662/88 99 30, Fax 88 99 38, www.austria-trend.at, €€€*

International Youth Hotel Obermair **[U D1]**
Jugendherberge in Bahnhofsnähe, quirlig und unkompliziert. *130 Betten, Paracelsusstr. 9, Tel. 0662/87 96 49, Fax 87 88 10, www.yoho.at, €*

Insider Tipp
Johannesschlössl **[U A3]**
Wer der Festspielhektik entfliehen und trotzdem in der Stadt wohnen will, dem bietet sich das von Grund auf sanierte Gästehaus der Pallotiner auf dem Mönchsberg an. *51 Zi. (auch 3-Bett-Zi.), Mönchsberg 24, Zufahrt über Mülln, Tel. 0662/84 63 47, Fax 84 63 47 86, €€*

Zum Hirschen **[O]**
Günstig für Autofahrer (von der Abfahrt Salzburg-Mitte Richtung Zentrum). Hübsche Ausstattung. *64 Zi., St.-Julien-Str. 21–23, Tel. 0662/88 90 30, Fax 889 03 58, www.zumhirschen.at, €€–€€€*

Zur Post **[O]**
Familienbetrieb mit gut ausgestatteten Pensionszimmern. Die Altstadt erreicht man leicht zu Fuß. *24 Zi., Maxglaner Hauptstr. 45, Tel. 0662/832 33 90, Fax 832 33 95, €€*

AM ABEND

Die filmreife Kulisse der allabendlich festlich angestrahlten Altstadt ist einen Spaziergang wert, und ein Blick vom *Müllnersteg* **[U B2]** lohnt sich immer. Die Dachterrasse des *Hotel Stein* **[U D4]** an der Staatsbrücke ist der ideale Ausgangspunkt für Nachtschwärmer. Das Flair der 1950er-Jahre macht den Rundblick zum doppelten Genuss. In unmittelbarer Nähe liegen Lokale wie *Friedrichs, Bazillus, Daimler's, O'Maeley's* und *Shamrock.* Ein Besuch im *Spielcasino (Schloss Klesheim, eigene Autobahnabfahrt)* ist schon wegen des Ambientes im Barockschloss höchst interessant. *Nachtschicht,* die Disko im Airportcenter, ist etwas für das ganz junge Publikum. Im *Jazzit* (Jazz, Klezmer, Dancefloor, im *Volxheim, Elisabethstr. 11*), im *Loft (Müllner Hauptstraße)* und im *Rockhouse (Schallmooser Hauptstr. 46)* ist täglich viel los.

AUSKUNFT

Tourismus Salzburg GmbH
Zentrale: Auerspergstr. 7 **[U B2]**, *Tel. 0662/88 98 70, Fax 889 87 32; Mozartplatz 5* **[U D4]**, *Tel. 0662/ 88 98 73 30; www.salzburginfo.or.at*

ZIELE IN DER UMGEBUNG

Lustschloss Hellbrunn **[115 E4]**
Fürsterzbischof Markus Sittikus ließ 1613–19 Schloss, Gärten und Wasserspiele anlegen. Das Ensemble (5 km südöstlich vom Zentrum) gilt als einzigartiges Beispiel einer *villa suburbana* nach italienischem Vorbild nördlich der Alpen. Auf dem Hellbrunnerberg – eine Felshöhe inmitten des Parks und bedeutender Ort prähistorischer Funde – steht das *Monatsschlösschen* mit einem Volkskundemuseum. An den Park grenzt ein Tiergarten mit Freigehege. An der Hellbrunner Allee, der Verbindung zwischen Schlossanlage und Stadt, deren Bäume zum Großteil weit über 300 Jahre alt sind, stehen u. a. die Schlösser *Frohnburg,* 1672 als Landschloss für Graf Kuenburg erbaut, und *Emsburg,* 1618 fertig gestellt.

Maria Plain **[115 D3]**
Die 4 km nördlich vom Zentrum auf einer Anhöhe stehende Wallfahrtskirche wurde 1671–74 errichtet und von bedeutenden Künstlern wie Ludwig Schwanthaler und Kremser-Schmidt ausgestattet. Im Zentrum steht das Gnadenbild »Maria mit dem Jesuskind«, das während des Dreißigjährigen Krieges bei einem Brand unversehrt blieb. Mozart schrieb zur Erinnerung an die Krönung des Gnadenbildes 1779 die »Krönungsmesse«.

Unterwegs auf der alten Allee zum Lustschloss Hellbrunn

Heitere Landschaft in Dur

Sanfte Hügel, stille Seen und hübsche Orte verführen zum Nichtstun

Der Flachgau umschließt die Stadt Salzburg, grenzt im Nordwesten an Bayern, im Nordosten und Osten an Oberösterreich, im Südwesten an den Tennengau und im Südosten an das Salzkammergut. Der größte Ort mit 9400 Einwohnern ist Seekirchen, dem wie Oberndorf und Neumarkt am Wallersee erst vor kurzem das Stadtrecht verliehen wurde. Auch wegen der Nähe zur Stadt Salzburg, dem wirtschaftlichen, politischen und kulturellen Zentrum der Region, wurde der Flachgau zu einer begehrten Wohn- und Freizeitgegend. Innerhalb von zwanzig Jahren hat sich die Einwohnerzahl um etwa 35 Prozent erhöht.

Die Umgebung Salzburgs, die Landschaft der sanften Hügel, des ★ Trumer Seenlandes und der Gegend um den Wallersee ist eine Landschaft in Dur, heiter und lebendig. Obwohl der Bauboom der vergangenen Jahre stark in die Landschaft eingegriffen hat, konnte er ihr doch nicht allzu viel anhaben. Auch wenn die Zersiedelung an den Ortsrändern schmerzt, blieb doch der Kern der über viele Jahrhunderte gewachsenen Märkte und Dörfer davon meist verschont. Ein Umdenken hat mittlerweile vielerorts zu einem Baustopp geführt. Der vom Kollegiatstift Mattsee und von der Benediktinerabtei Michaelbeuern seit über 1000 Jahren ausgehende kulturelle Einfluss ist auch heute noch deutlich zu sehen, wie beispielsweise an der preisgekrönten Gestaltung des Marktplatzes in Mattsee.

Verlässt man Salzburg in Richtung Salzkammergut, wird die Gegend zusehends bergig und versprüht ab Hof, in Faistenau und Hintersee sowie am Fuschlsee immer wieder ihren Charme. Es ist wie in einer Symphonie, in der die Variationen eines Themas die Fülle des Inhalts erst so richtig wahrnehmbar machen. Um dafür die richtigen Worte zu finden, musste anscheinend der in Berlin lebende und gebürtige Rheinhesse Carl Zuckmayer kommen. In seiner Autobiografie »Als wär's ein Stück von mir« erinnert er sich: »Wenn man mich damals gefragt hätte, wo das Paradies gelegen sei, so hätte ich ohne Zögern geantwortet: in Österreich, sechzehn Kilometer östlich von Salzburg an der Reichsstraße, dicht beim Wallersee.«

Eines von sechzig Gebäuden im Freilichtmuseum Großgmain

ANIF

[115 E4] In dem begehrten Wohn- und Ferienort (4500 Ew.) im Süden Salzburgs hat Herbert von Karajan lange gewohnt und seine letzte Ruhestätte gefunden, Ricardo Muti hat sich hier ein Domizil gebaut. In Richtung Hallein auf der linken Seite steht das im 16. Jh. errichtete Wasserschloss Anif, das 1840–48 zu einem romantisch-historischen Schloss im Stil der Neogotik umgebaut wurde. 1693–1814 diente es als Sommerresidenz der Fürstbischöfe von Chiemsee.

ESSEN & TRINKEN

Schlosswirt zu Anif
Denkmalgeschütztes Haus, höchst ambitionierte, klassische österreichische und internationale Küche. *Di geschl., Halleiner Bundesstr. 22, Tel. 06246/721 75,* €€–€€€

ÜBERNACHTEN

Friesacher
Rustikal eingerichtetes Haus im Ortszentrum. *70 Zi., Anifer Landstr. 58, Tel. 06246/89 77, Fax 89 77 49, www.tiscover.at/friesacher,* €€–€€€

AUSKUNFT

Tourismusbüro
Anif 31, Tel. 06246/723 65, Fax 723 65 50, www.tiscover.at/anif

ZIEL IN DER UMGEBUNG

Freilichtmuseum Großgmain **[115 D4]**
★ 20 km südwestlich von Anif sind auf einer Fläche von 0,5 km^2 etwa sechzig Bauern- und Handwerkerhäuser, Höfe und Mühlen aufgestellt, die aus der Zeit vom 16. bis zum 20. Jh. stammen. *Hasenweg, April–Okt. Di–So 9–18 Uhr,*

Kleinod im romantischen Stil: Wasserschloss Anif

MARCO POLO Highlights »Flachgau«

★ **Trumer Seenland**
Zum Träumen schön ist die Landschaft zwischen Obertrum, Seeham und Mattsee (Seite 39)

★ **Freilichtmuseum Großgmain**
Alte Häuser und Mühlen aus allen Teilen des Salzburger Landes (Seite 40)

★ **Strubklamm**
Insider Tipp
Für Sportliche geht hier beim Canyoning richtig die Post ab (Seite 41)

★ **Benediktinerabtei Michaelbeuern**
Schönster Barock in Kirche und Kloster und eine bedeutende Bibliothek (Seite 46)

26. Dez.–6. Jan. Di–So 10–16 Uhr, Eintritt 6 Euro, Führungen nach Anmeldung, Tel. 0662/85 00 11, www.freilichtmuseum.com

FAISTENAU

[115 F3] Die ausgedehnte Ortschaft (2850 Ew.) liegt auf einem Hochplateau mit beeindruckendem Bergpanorama. Im Winter ist der Aufenthalt ideal zum Langlaufen, im Sommer zum Wandern. Die *Kirche zum hl. Jakob* zieren Fresken aus dem frühen 14. Jh.

ESSEN & TRINKEN

Gasthof Botenwirt
Typisches Haus der Region mit bodenständiger Küche. *Tgl., Ramsau 29, Tel. 06228/22 28, €–€€*

Gasthof Grill
Alteingesessener Gasthof mit gutbürgerlicher und heimischer Küche. *Tgl., Faistenau 5, Tel. 06228/22 05, €€*

ÜBERNACHTEN

Alte Post
Das zum Gasthof Grill gehörende Haus bietet Hallenbad, Sauna und Fitnessraum. *40 Zi. (auch 3- und 4-Bett-Zi.) und Apartments, Faistenau 5, Tel. 06228/220 50, Fax 22 05 28, www.altepostfaistenau.at, €€*

Pension Bayrhammer
Gemütliches Haus mit Spielplatz und Gartenhaus. *11 Zi., Ramsau 40, Tel./Fax 06228/22 57, p.bayrhammer@fuschlseeregion.com, €*

Hinterbauer
Bio-Bauernhof in sonniger Einzellage mit Panoramablick, geführte Ausritte und Kutschfahrten. *4 Zi., Lidaun 6, Tel./Fax 06228/26 75, josef.woerndl@fastrun.at, €*

FREIZEIT & SPORT

Strubklamm **[115 F3]** Insider Tipp
★ Die Strubklamm lockt alle an, die sich für das Canyoning begeistern. Die 3- bis 4-stündige Tour (nur

in Begleitung erfahrener Führer) ist eine Herausforderung mit Sprüngen, Schwimmstrecken und Abseilpassagen, die es in sich haben. *Alpinschule Club Montée, Salzburg, Auer-v.-Welsbachstr. 20/8, Tel./Fax 0662/42 32 16, www.montee.com*

AUSKUNFT

Tourismusverband
Faistenau 3, Tel. 06228/23 14, Fax 231 44, www.fuschlseeregion.com

ZIEL IN DER UMGEBUNG

Insider Tipp Am Talschluss, südöstlich von Faistenau, liegt malerisch der *Hintersee*, der gleichnamige Ort (450 Ew.) ist der kleinste im Alpenvorland **[115 F4]**. Von hier bietet sich ein beeindruckendes Panorama der Osterhorngruppe. Gasthof: *Landgasthof Lindenwirt, Hintersee 25, Tel. 06224/215 43, www.lindenwirt-hintersee.at, €*

FUSCHL

[116 A3] Der quirlige Badeort (1600 Ew.) liegt am Ostufer des fast unbebauten Fuschlsees. Schloss Fuschl, 1450 errichtet, diente den Fürsterzbischöfen als Jagdsitz. Später zählten unter anderem Baldur von Schirach und Konsul Adi Vogel zu seinen Eigentümern; außerdem war es Drehort der »Sissi«-Filme. Heute beherbergt das Schloss ein Fünfsternehotel mit Golfplatz.

SEHENSWERTES

Ruming Mühle
Die Mühle von 1872 wird Besuchern vorgeführt *(Mai–Sept. Fr 15 Uhr, Brotbacken jeden Di 13 Uhr (mit Jause)*. In der Nähe gibt es eine *Sommerrodelbahn (Ostern–Okt. 10 bis 18 Uhr, Juli/Aug. 9.30–19 Uhr, Benutzung 3,50 Euro, Besichtigung frei, Tel. 06226/84 52)*.

ESSEN & TRINKEN

Brunnwirt
Erlesen eingerichtet, feine Küche. Nur wer reserviert hat, findet Einlass. *So und Mo geschl. außer in der Festspielzeit, Wolfgangseestr. 11, Tel. 06226/82 36, €€€*

Jägerwirt
Solider Landgasthof mit vorwiegend regionaler Küche, auch Hausmannskost. *Tgl., Ellmaustr. 53, Tel. 06226/832 10, €– €€*

Jagdhof am Fuschlsee
Elegant-rustikales Ambiente, gediegene österreichische und internationale Küche, mit Terrasse. *Tgl., zwischen Hof und Fuschl, Tel. 06229/237 20, €€– €€€*

ÜBERNACHTEN

Bambichlhof
Sonnige Einzellage, Wanderwege und Loipe vor dem Haus. Mitarbeit am Hof ist möglich. *6 Zi., Bambichlweg 1, Tel./Fax 06226/85 64, €*

Mohrenwirt
Charmantes, traditionsreiches Haus im Ortszentrum mit sportlicher Note. *60 Zi., Dorfplatz 3, Tel. 06226/82 28, Fax 86 28 88, info@mohrenwirt.at, €€€*

Seerose
Direkt am See, eigener Strand, gemütliche Zimmer, junges Publikum.

16 Zi., Dorfstr. 20, Tel. 06226/ 82 16, Fax 87 93, hotelseerose@ salzburg.co.at, €–€€

AUSKUNFT

Fuschlsee Tourismus GmbH
Dorfplatz 1, Tel. 06226/838 40, Fax 86 50, www.fuschlseeregion.com

ZIELE IN DER UMGEBUNG

Burg Wartenfels **[116 A3]**
1259 wurde in 1020 m Höhe auf einem nur 15 mal 15 m großen Felsen eine Burg gebaut, deren Überreste in den 1980er-Jahren etwas unglücklich renoviert wurden. Dafür ist der Ausblick auf Fuschl- und Mondsee wirklich spektakulär. Beliebter Zwischenstopp auf dem Weg zum *Schober* (1300 m). *Vom Ortskern Fuschl ca. 2,5 km bis zum Parkplatz, von dort weiter zu Fuß*

Rauchhaus Mühlgrub **[116 A3]**
Das Haus aus dem 13. Jh. in Vorderelsenwang (ca. 5 km nordwestlich vom Ortskern Fuschl) ist das älteste Gut im Salzburger Land. *Anfang Juli–Mitte Sept. Fr 16 bis 18 Uhr, Besichtigung nach Voranmeldung, Tel. 06229/22 49*

HENNDORF AM WALLERSEE

[115 E2] Der Ort mit viel Tradition und 4600 Einwohnern liegt an der B 1 und war über Jahrhunderte hinweg eine wichtige Raststation auf dem Weg zwischen Salzburg und Wien. Zeuge dafür ist das Caspar Moser Bräu von 1699, einer der ältesten Gasthöfe Österreichs. Hier logierten u. a. Carl Zuckmayer und Ödön von Horvath, der in einem der Zimmer die Erzählung »Jugend ohne Gott« fertig stellte.

SEHENSWERTES

Eine knapp 2 km lange Wanderung führt Sie vom Bräugasthof über den Carl-Zuckmayer-Weg zur *Wiesmühl,* weiter zum *Wohn- und Ster-*

Henndorfer Pastorale

Carl Zuckmayer und die Wiesmühl

Nach dem grandiosen Erfolg des Stücks »Der fröhliche Weinberg« kaufte Carl Zuckmayer (1896–1977) im Jahr 1926 die verfallene Wiesmühl in Henndorf. Was als Idylle zum Ausspannen gedacht war, wurde nach 1933 zum ständigen Wohnsitz – zum Paradies, in dem Franz Werfel, Alma Mahler, Gerhart Hauptmann, Stefan Zweig und Thomas Mann häufig zu Gast waren. 1938 gelang in letzter Minute die Flucht nach Zürich. 1970, als Zuckmayer die Eröffnungsrede der Festspiele hielt, wurden ihm und seiner Frau Alice in Salzburg und Henndorf herzliche und festliche Empfänge bereitet. Die 1972 erschienene Erzählung »Henndorfer Pastorale« handelt davon.

behaus von Franz Stelzhamer und von dort über das *Geburtshaus von Johannes Freumbichler* (Großvater von Thomas Bernhard) und zurück zur Pfarrkirche.

Insider Tipp **Eiszeit-Rundweg**
Auf einer Strecke von gut 13 km, bei einem Höhenunterschied von 500 m und einer Gehzeit von 4,5 Stunden, werden auf 11 Stationen Spuren und Zeugen der Eiszeit beschrieben. Ausgangspunkt ist das Ortszentrum.

Gut Aiderbichl, Privatstiftung für Tierrechte
Michael Aufhauser, dem Initiator und Eigentümer, geht es um die Würde des Tieres und nicht um einen Musterhof für eine gut funktionierende Landwirtschaft. *Besichtigung jeden So ab 15 Uhr, Anmeldung Tel. 0662/62 53 95, www.tierrechte-privatstiftung.com*

ESSEN & TRINKEN

Caspar Moser Bräu
Ältester Gasthof Österreichs. Gutbürgerliche Küche, »Carl-Zuckmayer-Jause« mit Speck, Schweinernem, doppeltem Obstler, Mondseer Käse und Bier. *Di geschl., Hauptstr. 61, Tel. 06214/82 28,* €–€€

ÜBERNACHTEN

Gersbachwirt
Liebevoll geführtes, familiäres Landgasthaus. *12 Zi., Wiener Str. 51, Tel. 06214/83 72, Fax 201 73, www.gersbachwirt.at,* €€

Insider Tipp **Landhaus Brieger**
»Sich wie zu Hause fühlen« ist das Motto der feinen Pension. Fast alle Zimmer haben Terrasse oder Balkon. *17 Zi., Wiener Str. 60–62, Tel. 06214/83 73, Fax 652 94, www.brieger.at,* €€

FREIZEIT & SPORT

Golfclub Gut Altentann
Der 18-Loch-Platz wurde als erste Anlage von Jack Nicklaus auf dem Kontinent angelegt. An der Stelle des 1680 durch einen Brand vernichteten Schlosses steht heute das Clubhaus. *Tel. 06214/602 60, Fax 61 05 81, www.gutaltentann.com*

AUSKUNFT

Tourismusverband
Hauptstr. 48, Tel. 06214/60 11, Fax 82 77, www.wallersee.com/ferienland

ZIELE IN DER UMGEBUNG

Wer für Barockes schwärmt, kommt an der Wehranlage für die Pfarrkirche im 7 km nordöstlich von Henndorf gelegenen *Neumarkt am Wallersee* **[115 F2]** nicht vorbei, ebenso wenig an *Köstendorf* (9 km nördlich) **[115 E1]**, wo ein prächtiger Hochaltar der Bildhauer-Brüder Hagenauer steht. Wie schon für Michaelbeuern schuf Meinrad Guggenbichler 1675 auch für *Straßwalchen* **[115 F1]**, das 11 km nordöstlich von Henndorf liegt, einen Hochaltar.

MATTSEE

[115 E1] Der Markt (2920 Ew.) besticht durch seine Lage, eingebettet zwischen Mattsee und Obertrumersee und umrahmt von freundlichen

Hügeln, sowie durch die Gestaltung des Marktplatzes. Mattsee ist eine Sommerfrische mit großer kulturhistorischer Bedeutung und ein Paradies für Wassersportler.

SEHENSWERTES

Bajuwarengehöft

Die Anlage wurde 1988 im Rahmen der Salzburger Landesausstellung »Die Bajuwaren« errichtet und gibt Einblick in die Lebensweise dieses germanischen Volksstammes, der im 8. Jh. die Gegend besiedelte.

Kollegiatstift

777 von Herzog Tassilo III. als Benediktinerkloster gegründet, ist das Kollegiatstift das älteste noch bestehende Weltpriesterstift Österreichs. Im 9. Jh. war es Reichsabtei mit eigener Schreibschule, Missions- und Kolonisationstätigkeit in Ungarn. Mitte des 11. Jhs. wurde das Kloster in ein weltliches Stift umgewandelt. Die dreischiffige Pfeilerbasilika mit romanischem Langhaus, gotischem Chor und barocker Innenausstattung wird von einem 60 m hohen und weithin sichtbaren Barockturm, dem »Goliath des Mattiggaus«, überragt. In den Kapitelsälen des Stifts und im Neuen Schloss findet der *Mattseer DiabelliSommer* mit der Konzertreihe »Töne & Texte« statt. Anton Diabelli, 1781 in Mattsee geboren, war Schüler von Michael Haydn und Verleger von Franz Schubert. Bekannt wurde Diabelli durch Beethovens 33 Variationen über einen von ihm komponierten Walzer.

Schlossberg

Die ursprüngliche Anlage aus dem 12. Jh. verfiel im 18. Jh. Auf den Gebäuderesten wurde in den vergangenen Jahren das »Neue Schloss Mattsee« als Veranstaltungsgebäude errichtet. Von hier aus genießen Sie einen ausgiebigen Rundumblick.

Sommerfrische zwischen zwei Seen: Mattsee mit dem Kollegiatstift

MUSEUM

Stiftsmuseum
Das anlässlich des 1200-jährigen Bestehens in der Propstei eingerichtete Museum zeigt Geräte, Gemälde und Handschriften. Es beherbergt außerdem eine umfangreiche Bibliothek, u. a. mit einer Urkunde aus dem Jahr 860. Einige Räume sind Anton Diabelli und dem Arzt Burghard Breitner – 1884 in Mattsee geboren und als »Engel von Sibirien« bekannt geworden – gewidmet. *Seestr. 2, Mitte Juni–Mitte Sept. Do 16–18 Uhr, Führungen Tel. 06217/52 02, Eintritt 3,50 Euro, www.stiftmattsee.at*

ESSEN & TRINKEN

Gasthof Mitterhof
Freundliches Wirtshaus mit bodenständiger Küche, 2 km außerhalb des Ortes. *Mo geschl., Mitterhof 38, Tel. 06217/55 70, €€*

Iglhauser's Bräu
Mit Liebe ausgestattetes, traditionsreiches Haus, hervorragende heimische Küche. *Tgl., Schlossbergweg 4, Tel. 06217/52 05, €€€*

Schloss Seeburg
Gourmetrestaurant in elegantem Schlossambiente mit hübschem Garten, im 6 km entfernten Seekirchen. *Mo und Di geschl., Seeburgstr. 8, Tel. 06212/21 40, €€€*

ÜBERNACHTEN

Insider Tipp **Moorbad**
Bürgerlicher Gasthof mit eigenem Badestrand und ruhigem Gästegarten, Moorbäder. *18 Zi., Aug 189, Tel. 06217/52 38, Fax 523 85, €€*

Strasser
Frühstückspension, neu renoviert, familienfreundlich, in Seenähe. *10 Zi., Münsterholzstr. 120, Tel./ Fax 06217/54 06, €*

FREIZEIT & SPORT

Mattsee verfügt über Radwanderwege, ein neu renoviertes Strandbad und eine Segelschule. Wer einfach entspannen will, kann auch eine Schiffsrundfahrt mit der »Seenland« unternehmen, Anlegestellen gibt es sowohl am Mattsee als auch am Obertrumersee.

AUSKUNFT

Tourismusgemeinschaft Trumer Seen
Mattsee, Münsterholzstr. 9, Tel. 06217/60 80, Fax 74 21, www.salzburgerland.com/trumer-seenland

ZIELE IN DER UMGEBUNG

Benediktinerabtei Michaelbeuern **[115 D1]**
★ Die Abtei (11,5 km nordwestlich von Mattsee) wurde im 8. Jh. von fränkischen Missionaren gegründet. Nach 1945 entstand ein neoromanischer Bau mit barocker Innenausstattung. Glanzstück ist der barocke *Hochaltar* von Meinrad Guggenbichler (1649–1723) mit dem Altarbild von Johann Michael Rottmayr (1654–1730), der ebenso wie der Komponist Anton Diabelli und der Pädagoge Franz Michael Vierthaler (1758–1827) zu den bekannten Absolventen der Klosterschule zählte. Herzstücke der Klosterführung sind die barocke *Bibliothek* mit einem Bestand von über 40 000 Bänden, der *Abteisaal* mit

einem Deckenfresko von Franz Nikolaus Streicher, einem begehrten Porträtisten der Mozartzeit, und der *Kreuzgang. Führungen So ab 14 Uhr und nach Vereinbarung, Tel. 06274/81 16 20 11, Eintritt 4 Euro*

Obertrum **[115 E2]**
Am Südufer des Obertrumer Sees, 5 km südlich von Mattsee gelegener Markt mit 4200 Einwohnern, der nach einem Brand 1917 weitgehend wieder aufgebaut wurde. Hier befindet sich der Sitz der *Privatbrauerei Sigl (Tel. 06219/741 10, www.trumer.at)* mit »Creativ-Brauerei«, Bierkabarett und Brauereiführungen. Der *Braugasthof Sigl (tgl., Dorfplatz 1, Tel. 06219/770 00, €€)* verfügt über einen schönen, schattigen Gastgarten. Obertrum ist Ausgangspunkt für Fahrten oder Wanderungen auf den *Haunsberg* (835 m), wo Kaiser Joseph II. 1779 eine – heute leider absterbende – Buche pflanzen ließ, als er sich einen Überblick über das den Bayern abgenommene Innviertel verschaffte.

Schleedorf **[115 E1]** Insider Tipp
Im »Schaudorf« Schleedorf (900 Ew., 6 km östlich von Mattsee) wird gezeigt, wie bäuerliche Erwerbsarbeit heute funktioniert. So kann u. a. in einer neu errichteten *Schaukäserei (Tel. 06216/419 80)* bei der Arbeit zugeschaut werden. Im künstlerisch gestalteten *Agri-Cultur Museum (Mai–Okt. tgl. 10 bis 17 Uhr, Eintritt 4 Euro)*, einem Haus der Naturgeschichte, tauchen die Besucher in die Welt des Obstbaues, der Bienen und Schmetterlinge, des Getreidebaues wie der Hecken und Zauberpflanzen ein.

Seeham **[115 E1]**
Am Westufer des Obertrumersees liegt dieser quirlige und sehr sympathische kleine Badeort (1650 Ew.) mit Schwerpunkt Familienurlaub. Abends gibt es Aufführungen auf der Seebühne. Empfehlenswert ist der *Gasthof Altwirt (Dorf 1, Tel. 06217/552 20, €€)*. Auskunft: *Tourismusverband, Dorf 5, Tel. 06217/54 93, Fax 64 82, www.seeham.at*

Barocke Gelehrsamkeit: Bibliothek der Benediktinerabtei Michaelbeuern

Der Inbegriff von Sommerfrische

Segeln, surfen und wandern, wo einst der Kaiser kurte

Seen, Salz, Kaiser Franz Joseph, »Weißes Rössl« und Dachstein, das sind die nächstliegenden Assoziationen zu einer Region, die den Namen Salzkammergut trägt.

Von den 76 Seen eignen sich die meisten zum Baden, doch sind etliche von ihnen nur nach einer einigermaßen strapaziösen Wanderung zu erreichen. Eines dieser Gewässer, der Toplitzsee, erscheint besonders geheimnisvoll. Es hält sich hartnäckig das Gerücht, dass auf seinem Grund enorme Kriegsschätze und auch Wunderwaffen aus dem Zweiten Weltkrieg liegen. Als vor einigen Jahren ein Forschungsteam des Max-Planck-Instituts dem See – und damit allen Gerüchten – auf den Grund ging, wurden die Wissenschaftler auch tatsächlich fündig. Sie brachten Kisten voller falscher Pfundnoten aus dem Dritten Reich an die Oberfläche.

Für Bergsteiger sind die drei markantesten Gebirgszüge, der Dachstein, das Tote Gebirge und das Höllengebirge, äußerst attraktives Gelände. Die detaillierten Vorschläge, das Salzkammergut zu erkunden, wie sie über die Fremdenverkehrsämter der jeweiligen Orte oder auch über den Alpenverein zu bekommen sind, reichen von gemächlichen Talwanderungen bis zu mehrtägigen Touren.

Zahnradbahn auf den Schafberg

Die vielen Seen sind übrigens sehr fischreich. Rheinanke, Waller, Seeschill, Äsche, Saibling und Felchen kommen daher in den vielen Ferienorten frisch auf den Teller. Dem zweifelhaften »Fortschritt« in Gestalt von allzu vielen Straßen und Seilbahnen haben die Bewohner des Salzkammerguts widerstanden. Trotz des Tourismus, der im 19. Jh. einsetzte, haben sich die geradlinigen Menschen ihre Eigenart bewahrt, sind stolz auf ihre Eigenheiten – etwa auf die Trachten – und pflegen ihr vielfältiges Brauchtum nicht bloß den Gästen zuliebe. Volkskundler haben Traditionszusammenhänge bis zu den Kelten

Die Johanniskapelle auf felsigem Hang überm Traunsee

Kaiser Franz Joseph residierte mit Vorliebe in seiner Bad Ischler Villa

festgestellt: »Einmal im Jahr schmücken diese Barbaren ihre Behausungen und feiern fröhlich lärmende Feste bei Tanz und Gesang«, schrieb beispielsweise ein römischer Historiker.

Das Salz ist neben dem Tourismus noch immer ein wichtiger Faktor. Das Steinsalz, wie es sich in den Lagerstätten bei Hallstatt, Bad Ischl oder Altaussee findet, kommt als Trümmergestein im Berg vor. Es bildet Salzstöcke und füllt Klüfte und Hohlräume aus. Es wurden Funde gemacht, die zeigen, dass schon in prähistorischer Zeit Salz abgebaut worden ist. Die Entdeckung der Heilkraft salzhaltiger Quellen trug nachhaltig zur Entwicklung des Tourismus bei.

BAD ISCHL

[116 C4] Dreiundachtzig Mal hat sich Kaiser Franz Joseph in Bad Ischl aufgehalten. Hier fand, einen Tag nach seinem 23. Geburtstag, am 18. August 1853 die Verlobung mit der damals noch nicht einmal 16 Jahre alten Prinzessin Elisabeth (»Sisi«) aus dem Hause Wittelsbach statt. Am Ufer der Ischl, die dem Ort den Namen gab, steht, umgeben vom Grün des Kaiserparks, Kaiser Franz Josephs Villa. Viele Adelige und Künstler, insbesondere aus dem Bereich der Operette, folgten seinem Beispiel. Am Ufer der Traun liegt die Villa des Sängers Richard Tauber. Ein paar Häuser weiter findet sich Franz Lehárs prachtvolles Ischler Domizil. Hier schrieb er 24 seiner Operetten. Das dreigeschossige Haus, das der Komponist der Stadt vermachte, ist seinem Andenken gewidmet. Anton Bruckner, Johannes Brahms, Nikolaus Lenau, Johann Nestroy und der legendäre Bühnendarsteller Alexander Girardi waren in Bad Ischl häufig zu Gast. Viele Maler ließen sich von der bizarren Bergwelt inspirieren.

Schon seit 1827 gibt es in Ischl ein Theater – der Kaiser förderte es aus seiner Privatschatulle. Lehár machte Ischl zu einem Zentrum der Operette, und auch Emmerich Kálmán und Robert Stolz trugen dazu bei. 1961 wurden die Operettenfestspiele gegründet. Seit 2000 stehen sie unter neuer Leitung, neben Operetten werden auch Soloprogramme aufgeführt. *Auskunft und*

Kartenvorverkauf: Kurhausstr. 8, Tel. 06132/238 39, Fax 238 39 39, www.operette.badischl.at

SEHENSWERTES

Kaiservilla

★ Ein Mitteltrakt und ein Seitenflügel von Kaiser Franz Josephs schlossartig erweitertem Biedermeier-Landhaus dienen als Erinnerungsstätte. Am auffälligsten sind in den Vestibülen, Treppenhäusern und Sälen die vielen Jagdtrophäen. Jede davon ist mit Tag und Ort beschriftet. So sind 653 Auerhähne vermerkt, 18 031 Fasanen, 1442 Wildschweine, Schwarzkittel genannt, 2051 Gemsen und 1436 Hirsche. *Mai–Mitte Okt. tgl. 9 bis 11.45 und 13–16.45 Uhr, 26. Dez. bis 4. Jan. Mi 12–15 Uhr, Eintritt 9,50 Euro*

MUSEEN

Fotomuseum

Das Fotomuseum im Marmorschlössl des Kaiserparks enthält die bedeutende Privatsammlung von Hans Frank. Anhand vieler Objekte wird die Entwicklung der Fotografie von den ersten Erfindungen bis heute dokumentiert. *April–Okt. tgl. 9.30–17 Uhr, Eintritt 1,50 Euro*

Lehárvilla

Der ehemalige Wohnsitz des großen Operettenkomponisten ist als Gedenkstätte eingerichtet. *Mai bis Sept. 9–12 und 14–17 Uhr, Ostern auf Anfrage, Eintritt 4 Euro, Tel. 06132/269 92, Lehárkai 8*

Museum für Fahrzeuge, Technik und Luftfahrt

Eine sehenswerte Dokumentation technischer Entwicklungen. *April bis Okt. tgl. 9–18 Uhr, Eintritt 7 Euro, an der Bundesstraße nach Bad Goisern*

Stadtmuseum

Im ehemaligen Hotel Austria an der Esplanade, wo sich 1853 Kaiser Franz Joseph mit Elisabeth verlobte, wurde 1985 das Heimatmuseum eingerichtet. Ein Großteil der Schau

MARCO POLO Highlights »Salzkammergut«

★ **Kaiservilla in Bad Ischl**
Hier verbrachte Kaiser Franz Joseph 60 Jahre lang die Sommermonate (Seite 51)

★ **Kammerhof in Bad Aussee**
Der gotische Bau zeugt mit seinen Prunkräumen von der einstigen Macht des Salzes (Seite 53)

★ **Hallstatt**
Weltkulturerbe im Zeichen des Salzes, Ort mit jahrtausendealter Geschichte (Seite 56)

★ **Dachstein-Eishöhle**
Die für Besucher erschlossene Höhle zählt zu den großen eisführenden Höhlen der Erde (Seite 57)

steht unter dem Motto »Vom Salzmarkt zum Kurort«. In einem Raum wird die Geschichte der Salzgewinnung dokumentiert. Der Stolz des Museums ist die aus vielen beweglichen Figuren bestehende Kalß-Krippe. *Dez.–Juni und Sept./Okt. Di und Do–So (Juli/Aug. auch Mo) 10–17 Uhr, Mi 14–19 Uhr, Eintritt 3,60 Euro*

ESSEN & TRINKEN

Alt-Ischlerbräu
Deftige Hausmannskost in rustikaler Umgebung. *Mo geschl., Kaltenbachstr. 8, Tel. 06132/233 91, €*

Insider Tipp **Kraut & Rüben**
Vegetarisches Restaurant ohne Allüren. *Tgl., Grazer Str. 54, Tel. 0664/421 55 57, €€*

Sandwirt
Gutbürgerliche Küche mit regionalem Einschlag. *Do nachmittags geschl., Eglmoosgasse 4, Tel. 06132/264 03, €–€€*

Weinhaus Attwenger
Das Lokal liegt gleich neben der Lehárvilla an der Traun. Die vier Stuben und der Gastgarten bieten ein angenehmes Ambiente. Hausmannskost und kreative leichte Küche. *Mi und Do geschl., Lehárkai 12, Tel. 06132/233 27, €€–€€€*

ÜBERNACHTEN

Goldenes Schiff
Gediegene Ausstattung, Balkone zum Garten oder zur Traun hinaus, Seminarräume und Wellnesscenter. *48 Zi., 2 Apartments, Adalbert-Stifter-Kai 3, Tel. 06132/24 24 10, Fax 242 41 58, www.goldenesschiff.at, €€–€€€*

Hubertushof
Kleines Haus mit viel Atmosphäre und einem einzigartigen Sole-Heil-

Geheim und doch bekannt

Des Kaisers Weg zur Seelenfreundin

Theuerste Freundin, wenn es Ihnen nicht zu unbequem ist, würde ich mir erlauben, die unbescheidene Bitte an Sie zu richten, daß Sie die Güte hätten, heute um 1/2 7 Uhr durch das kleine Türl in unseren Garten zu kommen.« Der Schreiber dieser Zeilen war kein Geringerer als Kaiser Franz Joseph, die Adressatin die Hofschauspielerin Katharina Schratt, des Kaisers Freundin von Elisabeths Gnaden. Als Schratts Sommerquartier auf Schloss Frauenstein bei St. Wolfgang einen neuen Eigentümer bekam, stellte ihr der Kaiser die Villa Felicitas zur Verfügung. Nun war er es, der das vorhin erwähnte kleine Türl nutzte, und zwar auf dem täglichen Weg von der Kaiservilla zur Schratt-Villa. Die Kaiservilla kann besichtigt werden, in der Villa Schratt kann in einem Gourmetrestaurant gegessen werden, nur das Türl ist versperrt und der Weg verwachsen.

stollen. *29 Zi., Götzstr. 1, Tel. 06132/244 45, Fax 24 44 51 04, http://members.eunet.at/hub-hof,* €€€

Stadt Salzburg
Das gutbürgerlich geführte Hotel ist ein Zentrum der Fliegenfischerei, 42 km Traunfluss stehen dafür zur Verfügung. *25 Zi., Salzburgerstr. 25, Tel. 06132/23 56 40, Fax 235 64 24, www.flyfishcenter.at,* €€

Villa Dachstein
Hotel garni, angenehme Atmosphäre, zentrale Lage. *9 Zi., Rettenbachweg 3, Tel. 06132/231 51, Fax 23 15 11 13, www.villadachstein.at,* €–€€

AM ABEND

Ins *Kurhaus,* wo Bälle und während der Operettenfestspiele Aufführungen stattfinden, kommen auch übers Jahr Tourneetheater. Von Mai bis September gibt es Kurkonzerte unter anderem im *Kurpark,* auf der *Esplanade* und in den *Trinkhallen.*

Besten Ruf genießen das *K & K Hofbeisl,* auch für jüngeres Publikum, und das *Stehbeisl Henckel* bei der Post.

AUSKUNFT

Kurdirektion Bad Ischl
Bahnhofstr. 6, Tel. 06132/277 57, Fax 277 57 77, www.salzkammergut.at/badischl

ZIELE IN DER UMGEBUNG

Altaussee **[117 D5]**
Der Kurort am gleichnamigen See (18 km südöstlich von Bad Ischl) ist eines der touristischen Zentren des steirischen Salzkammerguts. Sehenswürdigkeiten sind das seit dem 8. Jh. bestehende *Salzbergwerk* mit der *Barbarakapelle* (Barockaltar und Heiligenfiguren), die spätgotische *Pfarrkirche St. Ägyd* mit einem Sakramentshaus von 1520 und Gemälden von Leopold Kupelwieser, außerdem die aus dem 17. Jh. stammende *Dreifaltigkeitssäule,* das *Heimatmuseum* und die *Sammlungen des Höhlenforschers Karl Gaisberger.* Schöne Ausflugsziele sind der *Trattenbach-Wasserfall* und die *Rettenbachalm.* Bergtouren, die keine Schwierigkeiten bieten, führen auf den *Loser* (1838 m) und auf den *Schwarzmooskogel* (1906 m).

Bad Aussee **[117 D5]**
Der Hauptort des steirischen Salzkammerguts ist beliebte Sommerfrische und anerkanntes Heilbad in herrlicher Lage 25 km südöstlich von Bad Ischl. Ihren Reichtum verdankt die kleine Stadt, die schon im Jahr 1300 Markt gewesen ist, dem Salzbergbau. Davon zeugt der repräsentative gotische ★ *Kammerhof,* der einst Sitz der Salinenverwaltung war und heute als Heimatmuseum eingerichtet ist. Zum Glanz des Städtchens tragen die gotische *Pfarrkirche,* die *Spitalskirche* aus dem 14. Jh. mit Fresken und gotischen Flügelaltären sowie die aus etwa derselben Zeit stammende *Kalvarienbergkapelle* bei.

Bad Goisern **[116 C5]**
Funde aus der Hallstattzeit und römische Baureste weisen auf eine frühe Besiedlung hin. Heute ist Bad Goisern (8,5 km südlich von Bad Ischl) als Jodschwefelbad und Luftkurort geschätzt. Durch die Herstellung von Bergschuhen (Goiserer ge-

Auf der Katrin-Alm liegt einem das Salzkammergut zu Füßen

nannt) machte sich der Ort einen Namen. Die *Pfarrkirche* von 1437 wurde zwar im 19. Jh. umgestaltet, hat aber immer noch eine künstlerisch wertvolle Ausstattung mit gotischen Skulpturen und einem Altargemälde von Kupelwieser. Ein Sessellift bringt die Gäste zur Höhenpromenade. Ziemlich leicht zu bewältigende Wanderungen führen auf den *Predigtstuhl* (1278 m).

Grundlsee **[117 E5]**
Der Ort am gleichnamigen See liegt 25 km südöstlich von Bad Ischl. Eine landschaftlich überaus ergiebige Drei-Seen-Tour schließt den Grundlsee, den größten im steirischen Salzkammergut, den Toplitzsee mit seinen sehenswerten Wasserfällen und den Kammersee mit dem Toten Gebirge im Hintergrund ein.

Katrin-Alm **[116 C4]**
Einer der schönsten Aussichtspunkte im Salzkammergut ist die Katrin (6 km südwestlich von Bad Ischl). In den viersitzigen Gondeln der Katrin-Seilbahn ist die 1414 m hoch gelegene Alm in nur 12 Minuten zu erreichen. Sie ist der Ausgangspunkt für viele Wanderungen, etwa hinauf zum Kaiser-Franz-Joseph-Kreuz (1542 m) und zum Fernsehsender, wozu nicht mehr als eine halbe Stunde nötig ist. Von dort bietet sich ein prächtiger Rundblick auf drei Täler des Salzkammerguts mit fünf Seen.

GMUNDEN

[117 D2] Der Ort mit rund 12 700 Einwohnern, der nach dem Zweiten Weltkrieg dank des Tourismus zu blühen begann, liegt malerisch am Nordufer des Traunsees. Der *Kammerhof* im Zentrum war lange Sitz des landesfürstlichen Salzamts für ganz Österreich. Er ist heute Standesamt und Museum. Seit 1862 ist Gmunden Kurstadt.

Sehenswert ist das *Klo & So Museum für historische Sanitärobjekte (Traungasse 4, Mai–Okt. Di–Sa 10 bis 12 und 14–17 Uhr, So und feiertags 10–12 Uhr, Eintritt 3 Euro).* Das *Rathaus* hat eine schöne Renaissancefassade und ein Glockenspiel aus Keramik. Das *Landschloss Orth* (heute eine Forstschule) am Nordwestufer des Sees ist mit dem Seeschloss aus dem 11. Jh. – bekannt aus der Fernsehserie »Schlosshotel Orth« – durch eine 130 m lange Brücke verbunden. Der *Bahnhof Engelhof* ist der älteste noch im Betrieb befindliche Bahnhof Europas. Er stammt aus der Zeit der Pferdeeisenbahn Linz–Gmunden. Eine Gondelbahn führt auf den *Grünberg* (986 m).

CAFÉ

Grellinger
Älteste Konditorei Gmundens mit illustrem Gästebuch. Gmundner Torte. *Sept.–Juni Mi geschl., Franz-Joseph-Platz 6, Tel. 07612/641 53*

ESSEN & TRINKEN

Grünberg am See
Gutbürgerliches Haus mit einem traumhaften Garten (Blick auf die Filmkulisse Schloss Orth), gute Fischküche und beachtliche Weinkarte. *Tgl., Traunsteinstr. 109, Tel. 07612/777 00, €€*

ÜBERNACHTEN

Seegasthof Hois'n Wirt
Familienbetrieb mit Badeplatz und eigener Anlegestelle für Surfer und Segler. *11 Zi., Traunsteinstr. 277, Tel. 07612/773 33, Fax 773 33 95, www.hoisnwirt.at/hoisnwirt, €€*

AUSKUNFT

Tourismus & Kurverwaltung Gmunden
Am Graben 2, Tel. 07612/643 05, Fax 714 10, www.traunsee.at

ZIELE IN DER UMGEBUNG

Altmünster **[117 D2]**
Der älteste Ort am Traunsee (4 km südwestlich von Gmunden). Hier siedelten schon Römer, und bereits zur Zeit der Karolinger gab es ein Kloster. Die Kneippanstalt von Altmünster hat einen guten Ruf. Der Allerheiligenaltar von 1518 in der spätgotischen *Pfarrkirche* hat ebenso wie die Epitaphien hohen künstlerischen Rang. Ausflugsziele sind der *Wildpark Hochkreut* und *Schloss Ebenzweier.*

Ebensee **[117 D3]**
Der Ort, der 16 km südlich von Gmunden an der Mündung der Traun in den Traunsee liegt, ist ein günstiger Ausgangspunkt für Bergtouren in das Tote Gebirge und in das Höllengebirge. In den Salzsudwerken wird das mit einer Soleleitung herantransportierte Salz verarbeitet. Eine Seilbahn führt auf den 1594 m hohen *Feuerkogel,* der sich im Sommer zum Wandern und im Winter zum Skifahren eignet.

Traunkirchen **[117 D2]**
Die Lage auf einer Halbinsel, die 11 km südlich von Gmunden in den Traunsee ragt, macht den Ort besonders anziehend. Hier stand ein 1020 gegründetes Frauenkloster, in dessen Umkreis sich die Siedlung entwickelte. Später war das Kloster Residenz des Passauer Jesuitenkollegs. Die *Kirche Mariä Krö-*

nung (errichtet 1632–52), ist wegen der berühmten Fischerkanzel von 1753 und wegen des Klostergebäudes mit einem schönen Arkadenhof sehenswert. An der Stelle, an der die *Johanniskapelle* auf einem Felsen am See steht, gab es früher einen römischen Tempel.

HALLSTATT

[116 C5] ★ Der Ort mit 1100 Einwohnern liegt auf einem schmalen Uferstreifen vor steilem Gebirgshintergrund. Bis 1890 war er nur über den See zu erreichen. Das Ortsbild wird von alten Fischerhäusern bestimmt, die schmalen Gassen steigen vom Ufer an steil den Berg hinan.

Schon 4000 v. Chr. scheinen hier Bodenschätze abgebaut worden zu sein. In der ersten Hälfte des 1. Jahrtausends v. Chr. wurde Hallstatt zum Mittelpunkt einer von den Illyrern getragenen Hochkultur, wie man durch Forschungen seit Mitte des 19. Jhs. weiß. Inzwischen wurden rund 3000 Gräber mit teils überaus wertvollen Beigaben entdeckt. Die wichtigsten Funde sind im ehemaligen Stockerhaus und im ehemaligen Schulhaus ausgestellt. Viele der fast 20 000 Fundobjekte werden im Naturhistorischen Museum in Wien aufbewahrt. Die Kelten und Illyrer nutzten die lokalen Salzvorkommen. In der Römerzeit standen am Ufer Villen.

Das Salz wurde und wird in gelöster Form transportiert. Die Soleleitung, die von Hallstatt nach Ebensee führt und mit deren Bau 1595 begonnen wurde, ist somit die älteste Pipeline der Welt. Eine Sehenswürdigkeit ist der vor mehr als 200 Jahren gebaute, auf sieben steinernen Pfeilern ruhende Übergang über das Gosautal, der *Gosauzwang*. Die Salzmenge, die in einer Stunde durch die Rohre fließt, könnte den Jahresbedarf einer Kleinstadt decken.

Die *Pfarrkirche* besitzt einen geschnitzten Flügelaltar, der in der Region seinesgleichen sucht. Im Karner werden 1800 Totenschädel aufbewahrt, von denen die meisten Namen und Jahreszahl sowie einen Blumendekor tragen. Die Entdeckung eines Gräberfelds am Hallstätter Salzberg Ende des 19. Jhs. mit 2000 Bestattungen von 900 bis 400 v. Chr. machte Hallstatt weltberühmt. 1997 zeichnete die Unesco Hallstatt als Weltkulturerbe aus.

MUSEUM

Prähistorisches und Heimatmuseum
In diesem Museum sind viele der Funde aus der Hallstattzeit zu besichtigen. *Mai–Sept. tgl. 10–18 Uhr, April und Okt. tgl. 10–16 Uhr, Eintritt 3,60 Euro*

ESSEN & TRINKEN

Grillrestaurant Zauner
Zirbenstube mit ergiebigem Blick auf den malerischen Marktplatz. Spezialitäten sind gegrillte Fische und Filets. *Tgl., Marktplatz 51, Tel. 06134/82 46,* €€

AUSKUNFT

Tourismusverband Hallstatt
Seestr. 169 (im Kultur- und Kongresshaus), Tel. 06134/82 08, Fax 83 52, www.hallstatt.net

Gefrorene Welt: Blick in die Dachstein-Eishöhle bei Hallstatt

ZIEL IN DER UMGEBUNG

Dachstein-Eishöhle **[117 D6]**

★ Zum Gemeindegebiet von Hallstatt gehört das Dachsteinmassiv. Der Dachstein galt noch im 19. Jh., als die höchsten Alpengipfel bereits erstiegen waren, als unbezwingbar. Heute ist er durch eine Seilbahn erschlossen. Mehr als 2000 Anstiege aller Schwierigkeitsgrade sind inzwischen erprobt. Es gibt bequeme, gänzlich ungefährliche Wanderwege, Gletscherüberquerungen, Kletterpartien und Tagesmärsche.

Die Dachstein-Eishöhle ist nur 2 km lang, doch besteht sie aus einer gewaltigen Eismasse von rund 13 000 m^3 mit einer Oberfläche von 5000 m^2 und einer Eisdicke bis zu 17 m. Der Zugang ist von der Mittelstation der Dachstein-Seilbahn in Obertraun in wenigen Minuten zu erreichen. Auch zur 400 m tiefen *Dachstein-Mammuthöhle* – sie ist die tiefste Österreichs – gelangt man in ein paar Minuten von Obertraun mit der Krippensteinseilbahn. *4,5 km südöstlich von Hallstatt*

MONDSEE

[116 A2] Das 748 vom Bayernherzog Odilo gegründete *Stift Mondsee* war über 1000 Jahre kultureller Mittelpunkt des Mondseerlands. Es beherbergt bedeutende mittelalterliche Handschriften und Buchmalereien. Das Gebiet war jedoch schon in der Steinzeit besiedelt und später von Illyrern, Kelten und Römern bewohnt. Die ehemalige Stiftskirche ist seit Auflösung des Klosters 1791 *Pfarrkirche zum hl. Michael.* Mit ihrem Bau wurde 1470 begonnen. Das Innere ist ein klassischer gotischer Kirchenraum. Die Ausstattung aus dem 17. Jh. zählt zu

Salzburger Barock am Hochaltar der Stiftskirche von Mondsee

den besten Werken der Salzburger Barockplastik. Die Klostergebäude werden heute als »Schloss« Mondsee bezeichnet. Im ehemaligen Stiftsgebäude sind Teile des gotischen Kreuzgangs und der Kapitelsaal erhalten.

Ein Bauernhaus mit zentraler Feuerstelle, ein so genanntes *Rauchhaus*, ist 1959 beim Bau der Autobahn abgetragen und unweit der Stiftskirche originalgetreu als Freilichtmuseum wieder aufgebaut worden. Ebenfalls sehenswert sind die ursprünglich gotische, später barockisierte *Filialkirche Maria Hilf* sowie die Rokoko- und Barockfassaden am *Marktplatz.* In der ersten Septemberwoche findet das Kulturfestival »Mondsee-Tage« statt.

ESSEN & TRINKEN

Prielbauer
Gemütliches Landgasthaus mit Hausmannskost und österreichischen Spezialitäten. Im »Gwölb« gibt es die Möglichkeit, selbst zu grillen und Bier zu zapfen. *Mo geschl., Hof 141, Tel. 06232/30 71,* €–€€

Riesnerhof
Gediegene Mostschenke mit luxuriösem Rundblick und kulinarischen Freuden. *Mo und Di geschl., Mondseeberg 41, Tel. 06232/33 33,* €€

ÜBERNACHTEN

Krone
Sehr zentral gelegen und der Tradition verpflichtet. *21 Zi., Rainerstr. 1, Tel. 06232/22 36, Fax 22 36 43, www.tiscover.at/krone-mondsee,* €

Lackner
Direkt am See gelegenes, solide ausgestattetes Haus. *16 Zi., Gaisberg 33, Tel. 06232/23 59, Fax 23 59 50, www.seehotel-lackner.at,* €€

Restop Mondsee
Von der Autobahn direkt ins Bett. Grandioser Panoramablick, seeseitig ruhige Lage. *46 Zi., Innerschwand 150, Tel. 06232/287 60, Fax 287 65, www.eurest.at/panoramahotel,* €€–€€€

AUSKUNFT

Tourismusverband Mondseeland
Dr.-Franz-Müller-Str. 3, Tel. 06232/22 70, Fax 44 70, Infostand (nur Juli/Aug.) Dachsteinstr. 2, Tel. 06232/40 70, www.mondsee.org

ZIELE IN DER UMGEBUNG

Kammer-Schörfling **[116 C1]**
37 km nordöstlich liegt Schörfling auf einer Anhöhe, Kammer direkt am Ufer des Attersees. Das *Schloss Kammer* erhielt im 17. und 18. Jh. sein heutiges Aussehen. Am Ufer wurde ein prähistorisches Pfahldorf rekonstruiert. In der gotischen *Pfarrkirche* von Schörfling mit barocker Einrichtung fallen aufwändig gearbeitete Wappengrabsteine auf.

Oberwang **[116 B2]**
Der Ort 11 km nordöstlich von Mondsee verdient wegen seiner zwei Kirchen Beachtung: Die barockisierte *Pfarrkirche St. Kilian* hat einen Hochaltar von Meinrad Guggenbichler, und die Kirche *St. Konrad* ist im ursprünglichen spätgotischen Stil erhalten.

Seewalchen **[116 C1]**
Zu dieser 33 km nordöstlich am Attersee gelegenen Sommerfrische gehört der Ortsteil Litzlberg mit einem interessanten Wasserschloss. Die Kirche verdient wegen ihrer gotischen Ausstattung Beachtung. In der Kirche des nahe gelegenen Orts *Gampern* können Sie einen schönen spätgotischen Flügelaltar bewundern.

St. Lorenz **[116 A3]**
Diese Sommerfrische am Mondsee 5 km südöstlich des gleichnamigen Ortes besteht aus mehreren Ortsteilen (Scharfling, Plomberg, Schwarzindien) und liegt am Fuß der Drachenwand. Die barocke *Pfarrkirche* ist mit bewundernswerten Altären von Georg Doppler und Skulpturen von Meinrad Guggenbichler ausgestattet. Am Seeufer sind die Überreste eines urzeitlichen Pfahlbaudorfs zu besichtigen.

ST. GILGEN

[116 A3] Der Name des Ortes am Wolfgangsee leitet sich vom heiligen Ägydius ab. Das weitläufige Gemeindegebiet (3700 Ew.) dieses Ferien-, Bade- und Wintersportorts reicht bis Burgau am Attersee und bis Ried am Wolfgangsee. Die *Pfarrkirche* von 1376 war ursprünglich gotisch, wurde aber 1767 neu errichtet. Erwähnenswert sind ferner die freskengeschmückte *Friedhofskapelle,* die reich bemalte Fassade des *Hotels Post* und der *Mozartbrunnen.*

St. Gilgen ist der Geburtsort von Mozarts Mutter. Im Bezirksgericht

Mozartbrunnen in St. Gilgen

ist eine *Gedenkstätte* mit Briefen, Noten und Gemälden eingerichtet *(Juni–Sept. Di–So 10–12 und 14 bis 18 Uhr, Eintritt 1 Euro)*. Im *Heimatmuseum* informiert eine Tonbildschau über »St. Gilgen und die Mozarts«. Die *Wolfgangkapelle* auf dem Falkenstein ist der Hauptpunkt einer Gruppe von Wegkapellen entlang des Wolfgang-Wallfahrtswegs. Sie steht an der Stelle einer ehemaligen Einsiedelei.

ESSEN & TRINKEN

Fischer Wirt
Seegasthof mit gutbürgerlicher Note. Heimische Fische werden kreativ zubereitet. *Sept.–Juni Mo geschl., Ischler Str. 21, Tel. 06227/23 04, €€*

ÜBERNACHTEN

Huber
Ruhig gelegenes Seehotel mit familiärer Note. *25 Zi., Seestr. 220, Tel. 06227/36 52, Fax 36 52 41, www.seehotel-huber.at, €€*

AUSKUNFT

Wolfgangsee Tourismus Gesellschaft
Mozartplatz 1, Tel. 06227/72 67, Fax 726 79, www.tiscover.at/stgilgen

ST. WOLFGANG

[116 B4] Die Marktgemeinde mit 3000 Einwohnern am Nordufer des Wolfgangsees wurde durch die Operette »Im weißen Rössl« (1931) von Ralph Benatzky berühmt. Auf der Seepromenade steht sein Denkmal ebenso wie eines für Robert Stolz. Der Legende nach soll 976 der hl. Wolfgang, Bischof von Regensburg, ein Kirchlein gegründet haben. Fest steht, dass St. Wolfgang im Mittelalter ein beliebter Wallfahrtsort war. Bis zu 20 000 Pilger kamen pro Jahr, heute halten sich an Spitzentagen bis zu 25 000 Gäste hier auf. Auf der Terrasse des durch die Operette geehrten Hotels Weißes Rössl werden dann an die 3000 Portionen Kaffee getrunken.

SEHENSWERTES

Pacher-Altar
In der Pfarrkirche zieht der geschnitzte Flügelaltar von Michael Pacher (1481) die Aufmerksamkeit der Besucher auf sich. Er und jener von Kefermarkt in Oberösterreich sind wohl die schönsten spätgotischen Flügelaltäre Österreichs. Künstlerisch hochwertig sind auch der barocke Doppelaltar von Thomas Schwanthaler (1676) und der »Schmerzensmann« von Meinrad Guggenbichler (1706). *Führungen Tel. 06138/23 21 20*

Schafberg
Mit der Schafberg-Zahnradbahn fahren Sie auf den Schafberg (1783 m). Von oben haben Sie einen schönen Blick auf Berge und Seen des Salzkammerguts. *Mai–Okt. tgl. 9.05 bis 16.40 Uhr (Ende Juni–Anfang Sept. ab 8.05 Uhr), Berg- und Talfahrt 20,90 Euro (Bergfahrt 17,70 Euro), www.schafbergbahn.at*

Wolfgangsee
Schifffahrt nach St. Gilgen und Strobl. *Tgl. nach Fahrplan, 26. Dez. bis 6. Jan. eingeschränkter Verkehr, Tel. 06138/22 32, www.wolfgangseeschifffahrt.at*

MUSEUM

Puppenmuseum
Hier sind Puppen und Besucher unter sich. *Tgl. 10–12 und 14 bis 17.30 Uhr, Eintritt 3,63 Euro, Führung nach Anmeldung, Tel. 06138/ 23 23, Villa Bachler-Rix*

ESSEN & TRINKEN

Lachsen
Das Lokal in schöner Lage vor einer Wiese hat einen schattigen Garten und eine Terrasse. Wild- und Fischspezialitäten, hauseigene Schnapsbrennerei. Außerdem Hotelbetrieb (12 Zimmer). *Kein regelmäßiger Ruhetag, Ried 5, Tel. 06138/243 24,* €€€

ÜBERNACHTEN

Im Weißen Rössl
Das Seehotel mit Seeblick verfügt über großzügige Ausstattung, stilvolle Einrichtung und Dampfbad. Do und Fr Operettenabend. *72 Zi., Im Stöckl 74, Tel. 06138/ 230 60, Fax 23 06 41, www.weissesroessl.at,* €€€

Margaretha
Im Landhausstil mit Terrasse und blumengeschmückten Balkonen sowie Liegewiese am Strand. *43 Zi., Robert-Stolz-Str., Tel. 06138/23 79, Fax 23 79 22, www.wolfgangsee.com,* €€

Zimmerbräu
Traditioneller Gasthof, sympathisch eingerichtet, hauseigenes Seebad. *25 Zi., Markt 89, Tel. 06138/ 22 04, Fax 22 04 45, www.zimmerbraeu.com,* €

AUSKUNFT

Wolfgangsee Information
Pilgerstraße 28, Tel. 06138/80 03, Fax 80 03 81, www.wolfgangsee.at

Es gibt ihn wirklich: der Wolfgangsee in voller Pracht

Salz im Berg, Gold in den Bächen

Zwischen Wildwasserpaddeln und Heilwassertrinken

Bewacht vom gletscherbedeckten Dachstein und vom sagenumwobenen Untersberg, liegt an Salzach und Lammer der Tennengau. Mit einer Größe von 668 km² und 54 400 Einwohnern ist der Tennengau mit Hallein als Hauptstadt der kleinste und jüngste der Salzburger Gaue (seit 1896). Der Name kommt vom Tennengebirge, das mit seinen über 2300 m hohen Bergspitzen das Salzachtal im Süden abzuriegeln scheint. Aus den Ablagerungen eines Urmeeres wurden Salz und Marmor gewonnen. Adnet (bei Hallein) leistete sich den Luxus, Straßen und Bürgersteige mit dem roten Stein zu pflastern. Vor der Stilllegung der Saline Hallein 1989 wurden jährlich 40 000 t Industriesalz produziert. Im Süden von Hallein ist Vigaun seit 1985 zum größten Kurzentrum des Tennengaus geworden, nachdem man auf eine Natrium-Calcium-Chlorid-Sulfat-Therme gestoßen war. Westlich von Kuchl liegt am Fuß des Hohen Göll (2523 m) der Naturpark Kühschwalb mit ausgedehnten Almweiden. Die eindrucksvollste Naturerscheinung im Tennengau ist der Gollinger Wasserfall, der vom Kleinen Göll zuletzt in einer 25 m hohen Kaskade herabstürzt. Auf Spaziergängen in der Umgebung von St. Koloman, Golling, Abtenau und Scheffau gibt das Klappern der Mühlräder den Takt an.

Die Hofalm bei Filzmoos vor der Kulisse des Dachsteinmassivs

Hochalm bei Bad Hofgastein

Der Pongau mit rund 78 000 Einwohnern liegt in der Mitte des Salzburger Landes und ist wie die anderen Gaue, die zum Land inner Gebirg gehören, ringsum von Bergen eingesäumt. Die Verkehrswege führen durch tiefe Täler wie das Gasteiner Tal oder über Sättel und Pässe. Die Tauernbahn durch das Gasteiner Tal, von 1901 bis 1908 gebaut, galt als große technische Kühnheit. Von Böckstein, am Talende, führt ein Tunnel nach Sportgastein, das ein ideales Skigebiet ist.

Über die Radstädter Tauern führte jahrtausendelang die nach dem Brenner wichtigste Passstraße. 1908 fuhr der erste Autobus, 1929 stand hier das erste Hotel. Mittlerweile wurde daraus ein Wintersportgebiet von Weltruf: 10 000 Gäste stehen 140 Einheimischen gegenüber. Abseits und auf einer Sonnenterrasse über dem Salzachtal liegt Goldegg mit einer alten Burg, die sich im Moorsee spiegelt. Die »Goldegger Dialoge« haben sich zu einem international besetzten Wissenschaftsforum, hauptsächlich zu medizinischen Themen, entwickelt.

Insider Tipp

ABTENAU

[116 A6] Abtenau (5700 Ew.), aufwärts der Lammer gelegen, ist einer der beliebtesten Ferienorte im Tennengau; seine Kuranlagen bieten schwefelhaltige Kochsalzquellen. Eine Mautstraße führt auf die 40 km² weite *Postalm,* die größte Hochalm Österreichs mit vielen Wanderwegen.

ESSEN & TRINKEN

Hotel Post

Das Lokal ist ein Treffpunkt der Einheimischen und bietet bodenständige Küche. *Tgl., Markt 39, Tel. 06243/22 09,* €

ÜBERNACHTEN

Kristall

Apartmenthaus am Ortsrand, ideal für Sommer- und Wintersportler. Sonnenlage, persönliche Atmosphäre. *4 Apartments, Döllerhof 88, Tel./Fax 06243/20 61, www.webinger.com,* €€

Rother Ochs

In der Fußgängerzone. Sauna, Dampfbad, Solarium. *57 Zi., Markt 32, Tel. 06243/225 90, Fax 22 59 59, www.rother-ochs.at,* €€

Idyll mit Geschichte: Bauernhäuser in Altenmarkt

MARCO POLO Highlights »Tennengau und Pongau«

★ **Eisriesenwelt bei Werfen**
Eine riesengroße Eishöhle – glitzernde Schönheit unter Tage (Seite 69)

★ **Keltenmuseum in Hallein**
Das bedeutende Museum präsentiert wertvolle Funde der keltischen Kultur, die in Gräberfeldern auf dem Dürrnberg gemacht wurden (Seite 70)

★ **Dürrnberg**
Blick in die Keltenzeit – und auf Grubenhunten in die Welt des vorzeitlichen Salzbergbaus (Seite 71)

FREIZEIT & SPORT

In zwei Sportschulen werden Drachenfliegen, Kajakfahren und Klettern gelehrt, außerdem werden Riverrafting und Schlauchboottouren angeboten.

AUSKUNFT

Tourismusregion Lammertal-Dachstein West
Markt 165, Postfach 5, Tel. 06243/404 00, Fax 40 40 40, www.lammertal.com

ZIEL IN DER UMGEBUNG

Annaberg-Lungötz **[116 B6]**
Eine schön gelegene Sommerfrische (2290 Ew.) und ein attraktives Skigebiet 11 km südöstlich von Abtenau. Zwischen Annaberg und St. Martin liegt die wildromantische *Salzburger Dolomitenstraße.*

Hotels: *Sporthotel Dachstein-West, Annaberg, Tel. 06463/846 60, Fax 84 66 53, www.dachsteinwest.at,* €€€; *Lungötzer Hof, Lungötz, Tel. 06463/701 20, Fax 70 12 13, www.lungoetzerhof.at,* €€

ALTENMARKT

[122 B2] Der Markt mit 3500 Einwohnern gilt als der älteste Ort des Ennstals und ist Zentrum eines bedeutenden Wintersportgebiets. Berühmt ist die *Madonna von Altenmarkt,* eine Muttergottesstatue von 1393 aus Kalkstein vom Typus der »Schönen Madonnen« mit ausgeprägtem Faltenwurf.

MUSEUM

Heimat- & Gerätemuseum
Im »Bruderhaus« an der Hauptstraße ist eine reiche volkskundliche Sammlung zu bestaunen, u. a. zur Tradition des Volksschauspiels. In der alten Tenne des Dekanatshofs sind landwirtschaftliche Geräte ausgestellt. *Mo, Mi, Fr 16–18 Uhr, Eintritt 2,90 Euro*

ESSEN & TRINKEN

Markter Wirt
Wirtshaus mit gutbürgerlicher Pongauer Küche. *Di geschl., Marktplatz 4, Tel. 06452/54 20,* €€

Insider Tipp **Reitdorferwirt**
Gepflegte gutbürgerliche, hauptsächlich heimische Küche in gediegen ländlichem Ambiente mit persönlicher Note. *Tgl., 3 km vom Ortszentrum, Reitdorf 1, Tel. 06457/22 47, €€*

ÜBERNACHTEN

Sportalm
Ideal im Skigebiet gelegenes Haus mit familiärer Note. Dampfbad, Sauna, Solarium. *27 Zi., Palffen 163, Tel. 06452/40 06, Fax 400 55, www.sportalm.com, €€*

AUSKUNFT

Tourismusverband Altenmarkt-Zauchensee
Sportplatzstr. 486, Tel. 06452/55 11, Fax 60 66, www.altenmarkt-zauchensee.at

ZIELE IN DER UMGEBUNG

Filzmoos **[122 B1]**
Vor der Kulisse des Dachsteinmassivs und am Fuß der Bischofsmütze gelegenes Gebirgsdorf (1400 Ew.) mit zahlreichen Wandermöglichkeiten, 17 km nordöstlich von Altenmarkt. In der gotischen *Pfarr- und Wallfahrtskirche* sind das »Filzmooser Kindl« von 1500 und Freskenreste von 1515 zu sehen. Eine Mautstraße führt auf die *Hofalm,* der Großbergsessellift hat Sommerbetrieb. *Hotel Hubertus (17 Zi., 7 Apartments, Tel. 06453/82 04, Fax 820 46, www.hotelhubertus.at, €€€).*

Obertauern **[122 C3]**
Der Wintersportort mit allen Finessen auf der Passhöhe (1739 m) des Radstädter Tauern liegt 23 km südöstlich von Altenmarkt. Hotels: *Hotel Alpenland, 40 Zi., Tel. 06456/734 50, Fax 734 56, www.obertauern.net, €€€; Gasthof Sailer, 24 Zi., Tel. 06456/73 28, Fax 73 28 70, www.sailer-obertauern.at, €–€€.* Restaurant: *Lürzer Alm, tgl., Tel. 06456/72 89, www.ski-obertauern.com, €€.*

Radstadt **[122 B2]**
Der Kern von Radstadt (4750 Ew., 4 km östlich von Altenmarkt) ist von einer Stadtmauer und einem Wassergraben aus dem Jahr 1231 umgeben, die Rundtürme stehen seit 1534. Das *Heimatmuseum Schloss Lerchen (Juni–Okt. tgl. 10 bis 12 und 15–17 Uhr, Nov.–Anfang Mai tgl. 10–11.30 und 15–17 Uhr, Eintritt 3,60 Euro)* zeigt Darstellungen der Römerzeit, der Bauernkriege und der Protestanten-Emigration. Restaurant: *Stegerbräu, tgl., Tel. 06452/431 30, €€.*

BAD GASTEIN

[121 D5] Die aus der zweiten Hälfte des 19. Jhs. stammende Architektur der städtisch wirkenden Hotelburgen dieses Weltkurorts kontrastieren drastisch mit dem alpinen Gelände. Ein Wasserfall tost effektvoll durch die Ortsmitte. Das warme Wasser der radonhaltigen Quellen speist auch etliche Frei- und Hallenbäder, darunter das eindrucksvolle *Felsenbad.* Sehenswert ist die *Nikolauskirche* mit spätgotischen Fresken. Bad Gastein ist auch ein begehrtes Wintersportzentrum und Ausgangspunkt für lohnende Bergtouren. Über die Gasteiner Alpenstraße ist durch einen

Tunnel das prächtige Skigebiet *Sportgastein* zu erreichen.

ESSEN & TRINKEN

Fischerwirt
Fischspezialitäten und preiswerte Schmankerl, nostalgische Atmosphäre. *Tgl., Karl-Heinrich-Waggerl-Str. 32, Tel. 06434/22 31, €– €€*

Grüner Baum
Hier verbinden sich Tradition und Spitzengastronomie. Österreichische Küche. *Tgl., Kötschachtal 25, Tel. 06434/25 16, €€ – €€€*

ÜBERNACHTEN

Arcotel Elisabethpark
Neu renoviert, im Ortszentrum. Verschiedene Zimmertypen stehen zur Auswahl, kinderfreundlich. *120 Zi., Kaiser-Franz-Josef-Str. 5, Tel. 06434/255 10, Fax 25 51 10, www.arcotel.at, €€€*

Golfhotel Montana
Gemütliches und gut ausgestattetes Haus mit blumengeschmückten Balkonen. *23 Zi., Miesbichlstr. 24, Tel. 06434/331 60, Fax 33 16 10, www.golfhotel-montana.com, €€*

Pfarrmaier
Pension, Familienbetrieb, ruhige, sonnige Lage. Alle Zimmer mit Balkon. *18 Zi., Gletschermühlstr. 5, Tel. 06434/26 11, Fax 30 15, www.pfarrmaier.at, €*

AUSKUNFT

Kur- und Tourismusverband Bad Gastein
Kaiser-Franz-Joseph-Str. 27, Tel. 06434/253 10, Fax 25 31 37, www.badgastein.at

Wellness aus dem Felsen

Bad Gastein – ein Kurort von Weltgeltung auf Identitätssuche

Im längsten Tal der Hohen Tauern sprudelt aus dem Berg 45 Grad heißes, mit Radon angereichertes Thermalwasser. In Bad Gastein, dem ehemaligen Weltkurort, ziert seit 1327 die Wasserkanne das Ortswappen, und bereits Anfang des 16. Jhs. empfahl Paracelsus die Gasteiner Kur. 1863 reiste der spätere deutsche Kaiser Wilhelm I. zum ersten Mal hierher. Fürst Bismarck kurte hier ebenso wie Helmut Kohl, dazwischen kamen Arthur Schopenhauer, Franz Grillparzer, Kaiserin Sisi, Lady Churchill, Franz Schubert – Komponist der »Gasteiner Symphonie« – und, nicht zu vergessen, die Hundertschaften von Adabeis und Sowiesos. Die Gegenwart ist weniger als der Abglanz des Gestrigen, doch selbst heimatskeptische Gasteiner können den Glanz in ihren Augen nicht unterdrücken, wenn die Rede auf das Faszinosum kommt, von dem das weltweit verkaufte Mineralwasser nur ein kleiner Teil ist.

Alpen-Solarbad in Dorfgastein

ZIELE IN DER UMGEBUNG

Bad Hofgastein **[121 D4]**
Bad Hofgastein (6750 Ew.) ist wie das 7 km südlich gelegene Bad Gastein als Thermalheilbad bekannt. Das Wasser wird von Bad Gastein hierher geleitet. Hier wurde vor allem von 1300 bis 1600 nach Gold und Silber geschürft. Aus dieser Zeit stammen sehenswerte Gewerkenhäuser. Die *Schlossalmbahn* führt auf den *Kitzstein* (1302 m), weiter geht es mit einer Seilschwebebahn auf die *Kleine Scharte.* Die *Gadaunererschlucht* ist ein gut erschlossenes Naturdenkmal, das *Weitmoserschlössl* ein spätgotischer Salzburger Adelssitz mit einem Café-Restaurant (€€€). Hotels: *Astoria (73 Zi., Tel. 06432/627 70, Fax 62 77 77, www.kur-sporthotel-astoria.com, €€€), Brunnhof (38 Zi., Tel. 06432/64 08, Fax 64 08 42, €€), Villa Rager (7 Zi., Tel. 06432/61 49, €).* Restaurant: *Landgasthof Bertahof, Tel. 06432/76 08, €€*

Auskunft: *Kur- und Tourismusverband Bad Hofgastein, Tauernplatz 1, Tel. 06432/71 10, Fax 71 10 32, www.gastein.com*

Dorfgastein **[121 D3]**
Ein bedeutender Ferienort ist auch Dorfgastein (15 km nördlich von Bad Gastein). Die *Burg Klammstein (Führungen Juli/Aug. tgl. sowie Sept.–Juni Di–So ab 13 Uhr, Eintritt 4 Euro),* heute Ruine, ist das älteste Bauwerk des Tals. Hier befand sich bis ins 16. Jh. der Sitz der Verwaltung und der Gerichtsbarkeit. Die *Entrische Kirche (Führungen April bis Juni und Sept. Di–So sowie Juli/Aug. tgl. 10 und 12–17 Uhr zu jeder vollen Stunde, Eintritt 7 Euro)* ist eine Tropfstein-, Trocken- und Wasserhöhle. In der Zeit der Gegenreformation hielten Protestanten im »Fledermaus-Dom« (heute Gedenkstätte) geheime Versammlungen ab. Spaß und Erholung bietet das *Alpen-Solarbad* mit neuer großer Wasserrutsche. Auskunft: *Tourismusverband Dorfgastein, Dorfgastein 11, Tel. 06433/727 70, Fax 727 74 37, www.dorfgastein.com*

BISCHOFSHOFEN

[121 D1–2] Die älteste Siedlung des Pongaus, seit 2000 Stadt (10 000 Ew.), geht wahrscheinlich auf eine Missionsstation des hl. Rupert zurück. Am südlich gelegenen Mitterberg wurde bereits in vorgeschichtlicher Zeit Kupfer abgebaut.

SEHENSWERTES

Pfarrkirche
Erste Erwähnung findet die einstige Klosterkirche um 696, entspre-

chend war sie romanisch angelegt. Im jetzigen dreischiffigen Bau aus dem 15. Jh. steht ein gotisches Marmorhochgrab, das einzige seiner Art im Land Salzburg.

Ruine Bachsfall
30 Minuten außerhalb des Ortes, oberhalb des *Gainfeldwasserfalls,* steht die Anlage aus dem 12. Jh. Auch auf dem nahe gelegenen *Götschenberg* sind Reste einer mittelalterlichen Burg und eine prähistorische Fundstätte zu sehen.

Rupertikreuz
Dieses aus dem 8. Jh. stammende, einfach gearbeitete Kreuz ist ein Kunstwerk von europäischem Rang. Die Holzkonstruktion ist mit Kupferblech beschlagen, und an wenigen Stellen sind Emailleplättchen eingefügt. Es handelt sich um ein irisches Schaufelkreuz aus der Zeit der Missionierung. *Mi, Fr–So 10–16 Uhr und nach Vereinbarung (Tel. 0664/371 14 00), Eintritt 2,90 Euro, Archäologisches Zentrum Pongau Am Kastenturm, Rathausplatz 1*

ESSEN & TRINKEN

Alte Post
In diesem gediegenen Haus wird österreichische Küche serviert. *Tgl., Alte Bundesstr. 5, Tel. 06462/23 07, €€*

ÜBERNACHTEN

Aubauer
Ein kinderfreundlicher Biohof, am Waldrand gelegen. *10 Zi., Alpfahrt 20, Tel./Fax 06462/31 16, www.tiscover.at/aubauer/bischofshofen, €*

AUSKUNFT

Tourismusverband Bischofshofen
Salzburger Str. 1, Tel. 06462/24 71, Fax 36 05, www.bischofshofen.com

ZIELE IN DER UMGEBUNG

Eisriesenwelt **[121 D1]**
★ Eindrucksvoll ist die 11 km nördlich gelegene Eisriesenwelt bei Werfen, die 1879 in der Westwand des Hochkogels entdeckt wurde. Das erforschte Höhlennetz ist 47 km lang. Vom Eingang (1641 m) geht es auf eine durchschnittliche Höhe von 1750 bis 1780 m und von dort in ein ausgedehntes Tunnelsystem. Für die Besichtigung sollten Sie insgesamt 3 bis 4 Stunden einplanen, warme Kleidung und feste Schuhe sind empfehlenswert. *Stündliche Führungen Mai bis Okt. tgl. 9–15.30 Uhr, Juli/Aug. bis 16.30 Uhr, Dauer 70 Min., Eintritt 7,20 Euro, Info Tel. 06468/52 48*

Eisriesenwelt bei Werfen

Schon ein Erlebnis: Festung Hohenwerfen mit dem Tennengebirge

Erlebnisburg Hohenwerfen **[121 D1]**

8 km nördlich von Bischofshofen thront 115 m über der Salzach auf einem markanten Felskegel die Festung Hohenwerfen, wie Hohensalzburg im 11. Jh. von Konrad I. erbaut. Jahrhundertelang wurde die Burg als Gefängnis genutzt, später diente sie als Ausbildungsstätte der österreichischen Bundesgendarmerie. Neben dem Rundgang in der Burganlage lohnt ein Besuch auf dem Landesfalkenhof, der hier untergebracht ist. *April Di–So sowie Mai, Juni, Sept. tgl. 9–17 Uhr, Juli/Aug. tgl. 9–18 Uhr, Okt./Nov. tgl. 9–16.30 Uhr, Burgführungen, Eintritt 9 Euro, www.salzburg-burgen.at*

HALLEIN

[115 E4] Der in großen Teilen spätmittelalterliche Stadtkern ist gut erhalten. Rund um die erhöht gelegene Stadtpfarrkirche lag früher ein Friedhof. Nur ein Grab blieb erhalten: das des 1863 bestatteten Stadtpfarr-Chorregenten und Organisten Franz Xaver Gruber, Komponist des Liedes »Stille Nacht«. Seit die Industrieanlagen auf der *Pernerinsel* in der Salzach 1991 stillgelegt wurden, nutzen sie u. a. die Salzburger Festspiele als Aufführungsort.

MUSEUM

Keltenmuseum

★ Im ehemaligen Salinenverwaltungsgebäude von 1654 werden in 40 Räumen die wertvollen Funde aus den Keltengräbern auf dem Dürrnberg gezeigt. Auch die Entstehung des Weihnachtsliedes »Stille Nacht« wird hier dokumentiert. *23. März–Okt. tgl. 9–17 Uhr, im Winter Gruppen nach Anmeldung, Eintritt 4 Euro, Tel. 06245/807 83, www.keltenmuseum.at*

ESSEN & TRINKEN

Halleiner Stadtkrug
In altem Gemäuer wird ambitionierte bodenständige Küche serviert. *Sa geschl., Bayerhamerplatz 10, Tel. 06245/830 85, €–€€*

Kaltenhausener Bräustübl
Eingerichtet für die Versorgung vieler Gäste, bodenständig. Bierbrauerei. *Tgl., Salzachtal-Bundesstr. Nord 37, Tel. 06245/802 33, €*

AM ABEND

Seit der Wiederherstellung des *Stadttheaters* gastieren dort auch immer wieder Tourneebühnen. Junge Leute treffen sich in der *Fallschirm-Bar*, im *Barock-Café* oder im *Schluckerl* in der *Hafner-Diele.*

AUSKUNFT

Fremdenverkehrsverband Hallein
Auf der Pernerinsel, Tel. 06245/853 94, Fax 853 94 14, www.hallein.net

ZIELE IN DER UMGEBUNG

Bad Dürrnberg **[115 E5]**
Über eine gut ausgebaute Straße und eine Seilbahn zu erreichen ist der 4 km südlich gelegene Höhenkurort Bad Dürrnberg (800 bis 1340 m). Die *Wallfahrtskirche* wurde um 1600 aus Marmorquadern errichtet. Die führenden Hotels sind zugleich Sanatorien, z. B. das *Kurhaus St. Josef (89 Zi., Tel. 06245/897 70, Fax 897 77 49, www.st-josef.at, €€€).*

★ Das originalgetreu rekonstruierte *Keltendorf (April–Okt. tgl. 9 bis 17 Uhr, Nov.–März tgl. 11 bis 15 Uhr, Eintritt 2,50 Euro, www.salzwelten.at)* ermöglicht Einblicke in die Lebensweise dieses Volksstammes vor 2500 Jahren, u. a. mit einem aufwändig gestalteten Fürstengrab. Zur Besichtigung des stillgelegten *Salzbergwerks (Öffnungszeiten wie Keltendorf, Eintritt 15,50 Euro)* gehört eine Fahrt mit dem Grubenhunt ebenso wie aufregende Rutschpartien über lange Bergmannsrutschen. Besonders beeindruckend ist die Floßfahrt auf dem unterirdischen Salzsee.

Golling **[115 E5]**
Der Ort 16 km südöstlich an der Nordseite des Passes Lueg hatte von jeher strategische Bedeutung. Heute beeindruckt er durch seine bunten Fassaden an der Hauptstraße. *Schloss Golling* entstand aus einer Burg und war ehemals Pflegegericht. Golling ist Ausgangspunkt für Wanderungen ins *Bluntautal* mit Waldseen und dem *Torrener Wasserfall (1 Stunde ab Ort).* Mit sehr viel Fingerspitzengefühl gekocht wird im Feinschmeckerrestaurant Döllerer im Hotel *Goldener Stern (Mo mittags und So geschl., Markt 56, Tel. 06244/422 00, www.tiscover.at/doellerer, €€€).* Insider Tipp

Kuchl **[115 E5]**
10 km südöstlich von Hallein liegt die Sommerfrische Kuchl (6350 Ew.). Der Markt hieß in römischer Zeit Cucullae. Der *Georgenberg,* ein recht markanter Felsrücken im Salzachtal, ist eine bedeutende prähistorische Fundstätte. Das *Kuchler Heimatmuseum (Anfang Juni–Ende Okt. Di, Do 14 bis 16, Sa 14–17 Uhr, Eintritt frei, Führungen nach Vereinbarung, Tel.*

06244/63 44) zeigt unter anderem Funde aus der Römerzeit.

Puch **[115 E4]**
In der *Pfarrkirche* des 5 km nördlich gelegenen Ortes Puch (4100 Ew.) steht beim Südeingang ein hölzerner Palmesel mit einer Christusfigur. Er wird, einem Brauch folgend, am Palmsonntag in einer Prozession durch den Ort getragen.

Vigaun **[115 E5]**
In Vigaun (1850 Ew., 6 km südöstlich von Hallein) ist 1985 das größte Kurzentrum des Tennengaus entstanden, nachdem man in 1354 m Tiefe auf eine Natrium-Calcium-Chlorid-Sulfat-Therme gestoßen war. Heilerfolge werden insbesondere bei Erkrankungen von Galle, Leber, Magen und Darm erzielt. Zum Kurzentrum gehört das *Kurhotel (256 Zi., freier Eintritt ins Thermalbad, Sauna, Dampfbad, Tel. 06245/899 90, Fax 899 96 66, kurrehabvigaun.com, €€€).* Außerdem: *Hotel Langwies (31 Zi., Tel. 06245/895 60, Fax 89 56 13, €€€); Gasthof Neuwirt (13 Zi., Tel. 06245/827 75, Fax 828 76, €€); Pension Kellerbauer (9 Zi., Tel. 06245/83 47 40, Fax 834 74 15, www.kellerbauer.at, €)*

Auf einem Spaziergang von Vigaun aus ist das *Bruderloch,* eine Felshöhle, zu erreichen, wo im Jahr 477 der hl. Severin gepredigt haben soll.

ST. JOHANN

[121 D2] Der Hauptort des Pongaus (10 250 Ew.) hat schon 1290 das Marktrecht erhalten. 2000 wurde ihm das Stadtrecht verliehen. Die prächtige doppeltürmige *Dekanatskirche* wird Pongauer Dom genannt. Sie ist schon 924 in Dokumenten erwähnt. Nach einem Brand wurde sie 1855–61 im neugotischen Stil wieder aufgebaut. In der *Annakapelle* aus dem 14. Jh. sind bemerkenswerte spätgotische Holzplastiken zu sehen, dargestellt sind der hl. Heinrich und die hl. Kunigunde. Von St. Johann aus erschließen sich die Wintersportzentren Großarl, Wagrain und Kleinarl.

SEHENSWERTES

Lichtensteinklamm **[115 D3]**
Ein lohnendes Ziel nahe St. Johann ist die Lichtensteinklamm. Gefahrlos begehbare Brücken, Steige und Tunnels führen zum 50 m hohen Wasserfall am Ende der Klamm, wo ein Rastplatz mit Plattform zum Wasserfall hin eingerichtet ist. *Mitte Mai–Mitte Okt. tgl. 8–17 Uhr, Eintritt 3 Euro, Führungen, Busverbindung, Tel. 06412/85 72*

ESSEN & TRINKEN

Goldener Stern
Das bürgerliche Gasthaus serviert regionale und österreichische Küche. *Tgl., Hauptstr. 72, Tel. 06412/43 51, €– €€*

Sporthotel Prem
Auf Sportler abgestimmt: 25 Salate am Buffet, Saftbar und Nudelgerichte. *Tgl., Premweg 7, Tel. 06412/63 15, www.prem.at, €€*

ÜBERNACHTEN

Hirschenwirt
Gediegenes Haus mit sehr angenehmer familiärer Atmosphäre. *30 Zi.,*

Atemberaubend, aber ungefährlich: der Weg durch die Lichtensteinklamm

Bundesstr. 1, Tel. 06412/601 20, Fax 601 28, www.hirschenwirt.com, €€

Sonnhof

Hotel garni, freundlicher Familienbetrieb mit gediegener Ausstattung. *25 Zi., 15 Apartments, Alpendorf 16, Tel. 06412/72 71, Fax 72 71 35, €–€€*

AM ABEND

Die Disko *Studio 31* im Sporthotel *Alpenland* ist bis 2 Uhr geöffnet. Weitere Diskos sind das *Spacekastl* und das *Tao;* außerdem gibt es eine Disko im *Hotel Tennerhof.*

AUSKUNFT

Tourismusverband St. Johann im Salzburger Land

Ing.-Ludwig-Pech-Str. 1, Tel. 06412/603 60, Fax 60 36 74, www.st johann.co.at

ZIEL IN DER UMGEBUNG

Wagrain **[121 E2]**

Der 8 km östlich von St. Johann in 850 m Höhe gelegene 2900 Einwohner-Ort wird vor allem mit den Namen Joseph Mohr (1792–1848) und Karl Heinrich Waggerl (1897 bis 1973) in Verbindung gebracht. Mohr war der Textdichter des Weihnachtsliedes »Stille Nacht, heilige Nacht« und ist in Wagrain begraben. Waggerl, ein gebürtiger Gasteiner, lebte hier von 1920 bis zu seinem Tod. Er war während der Nazizeit Bürgermeister und Regionalfunktionär der Reichsschrifttumskammer und ist deshalb nach wie vor umstritten.

Im *Waggerl-Haus* wird neben den original erhaltenen Schauräumen eine umfangreiche Dokumentation gezeigt. *Juli/Aug. Di–Sa sowie Sept.–Juni Di, Do, Fr 14 bis 18 Uhr, Eintritt 3,60 Euro, Karl-Heinrich-Waggerl-Str. 1*

Insider Tipp

Weltvergessener Winkel

Österreichs höchstgelegener Bezirk ist kühl, arm, sonnig – und voller Überraschungen

Lange Zeit war der Lungau in der Südostecke des Salzburger Lands nur unzureichend erschlossen. Eine Fahrt in die Stadt Salzburg und wieder zurück war an einem Tag kaum zu bewältigen. Erst seit die Tauernautobahn den Lungau durchquert, ist das anders. Man sprach früher von Rückständigkeit, doch heute zeigt sich, dass der Lungau gewisse törichte Entwicklungen im Tourismus gar nicht erst mitgemacht hat. Nach allen Seiten hin ist er von Bergen umschlossen, nur nach Osten, zur Steiermark hin, ist er offen.

Auffällig sind die Walmdächer auf den Häusern, ein Typus, der im übrigen Salzburg kaum vorkommt, im benachbarten Kärnten dagegen geläufig ist. Von den 15 Gemeinden liegt nur Ramingstein unter 1000 m. Die etwa 21 500 Einwohner gelten als sparsam und bedächtig. Im Lungau gibt es noch knapp 1100 Bauernhöfe und 431 Almen sowie den geringsten Bevölkerungszuwachs landesweit. Die Viehwirtschaft spielt eine wichtige Rolle. Noch immer sind mehr Rinder als Gästebetten zu zählen: Das Verhältnis wird mit 15 559 zu 14 035 angegeben. Die höchstgelegenen Bauernhöfe des Landes stehen in Lessach, 1440 m hoch.

Alte Mautstelle: Burg Mauterndorf

Die Hälfte der Fläche des Lungaus ist mit Wald bedeckt. Selbst von der Stadt Salzburg fahren Pilzesammler dorthin, um nach Pfifferlingen und Steinpilzen zu suchen. Im Bundschuhtal steht ein alter Schmelzofen, das einzige Industriedenkmal der Region. Eine Lungauer Spezialität sind die Getreidekästen, Troadkastn genannt. Der schönste steht in Zankwarn und sieht mit seinen Fresken für Unkundige eher aus wie eine Kapelle. Ein Stück der Taurachbahn zwischen Mauterndorf und Tamsweg ist als Museumsbahn wieder aktiviert worden. Und seither dampft sie wieder, die Heeresfeldbahntenderlok von 1944.

Die alten Sagen der Gegend reichen bis in die Gegenwart. So heißt es im Prospekt mit den Radwandervorschlägen: »Sollten Sie zufällig nahe der Ruine Thurnschall einem alten Weibchen mit einem schwarzen Hund begegnen, so schenken Sie diesem Treffen nicht allzu große Bedeutung; es ist nur das Thurnschall-Weiblein, welches endlich einige Kisten mit Gold und Edelsteinen loswerden möchte …«

Samsonumzug in Mauterndorf

MARIAPFARR

[123 D4] Der heilklimatische Kurort (2290 Ew.) liegt auf 1120 m Höhe und ist einer der sonnenreichsten Orte Österreichs. Mariapfarr, zuerst 923 erwähnt, gilt als Mutterpfarre des Lungaus.

ESSEN & TRINKEN

Häuserl im Wald
Abwechslungsreiche Hausmannskost, Kinderspielplatz, Spielwiese. *Mo geschl., Niederrain 140, Tel. 06473/82 88, €–€€*

Thomalwirt
Der Familienbetrieb serviert gutbürgerliche Küche, Lungauer Schmankerl und Vegetarisches. *Tgl., Pfarrstr. 15, Tel. 06473/82 04, €–€€*

ÜBERNACHTEN

Post-Örglhof
Traditionsreiches und komfortables Haus im Ortszentrum mit Schwerpunkt Gesundheit und Fitness; Erlebnissauna, Minibauernhof, Vollwertküche. *25 Zi., Pfarrstr. 18, Tel. 06473/82 07, Fax 82 07 22, www.oerglwirt.com, €€*

Schlickwirt
Sympathisch, freundlich, überzeugend. *7 Zi., Zankwarn 9, Tel./Fax 06473/82 34, €–€€*

AUSKUNFT

Infostelle Mariapfarr
Im Gemeindeamt, Tel. 06473/87 66, Fax 87 66 32, www.lungau.at

ZIEL IN DER UMGEBUNG

Göriachtal **[123 D3–4]**
4,5 km nördlich finden sich typische Lungauer Almen, die Hütten der Bauern stehen auf lawinensicheren Böden eng beieinander.

MAUTERNDORF

[123 D4] Schon in der Römerzeit befand sich hier eine Mautstelle. Im Mittelalter wurde Mauterndorf – seit 1217 Markt, heute mit rund 1850 Einwohnern – wegen des Verkehrs über den Radstädter Tauern zum wichtigsten Umschlagplatz des Lungaus. Im 19. Jh. gewann der Handel mit getrocknetem Speik, einer fein duftenden Alpenpflanze, eine gewisse Bedeutung. Die denkmalgeschützten Bürgerhäuser am Marktplatz sind mit ihren Treppengiebeln einzigartig im

Alpenraum. In Mauterndorf, aber auch in Tamsweg, Mariapfarr, St. Michael und anderen Orten des Lungaus finden *Samsonumzüge* statt. Dabei wird die Figur des biblischen Riesen Samson, von großköpfigen Zwergen begleitet, mit Musik und Tanz durch den Ort getragen. Was früher ein Teil der Fronleichnamsprozession war, ist heute eine Attraktion bei verschiedenen Sommerfesten.

SEHENSWERTES

Burg Mauterndorf

★ Mit dem Bau der Burg, ehemals Mautstation und Sommerresidenz der Salzburger Fürsterzbischöfe, wurde in der Mitte des 13. Jhs. begonnen, Erweiterungen wurden im 14. und 15. Jh. vorgenommen. Heute werden die Besucher auf eine Zeitreise eingeladen und erleben einen fürsterzbischöflichen Tag des Jahres 1498. Zu besichtigen sind auch ein Landschaftsmuseum und ein mittelalterlicher Kräutergarten. *Mai–Okt. tgl. 10–17 Uhr, Eintritt 7,50 Euro, Information Tel. 06472/74 20, www.salzburg-burgen.at*

ESSEN & TRINKEN

Steffner-Wallner

Gediegene Hausmannskost und Rindfleischspezialitäten. *Tgl., Mauterndorf 90, Tel. 06472/72 14,* €– €€

ÜBERNACHTEN

Elisabeth

Sympathisches Vital-Hotel am Ortsrand, umfangreiches Angebot, Sonnenterrasse, Kneippanlage, Hallenbad. *40 Zi., Mauterndorf 274, Tel. 06472/73 65, Fax 73 65 20, www.vitalhotel-elisabeth.at,* €€€

Neuwirt

Der freundliche Gasthof im Ortszentrum verfügt über eine Sauna, im Restaurant wird Hausmannskost serviert. *34 Zi., Mauterndorf 39, Tel. 06472/72 68, Fax 726 88, www.neuwirtmauterndorf.at,* €€

AUSKUNFT

Infostelle Mauterndorf

Tel. 06472/79 49, Fax 79 49 27, www.mauterndorf.at

MARCO POLO Highlights »Lungau«

★ **Burg Mauterndorf**
Mit dem Motto »Lust auf Mittelalter« zieht die Burg aus dem 13. Jh. Besucher an (Seite 77)

★ **St. Leonhard bei Tamsweg**
Bedeutendster gotischer Sakralbau in den Alpen mit Befestigungsanlage aus dem Jahr 1473 (Seite 79)

★ **Ramingsteiner Silberbergbau**
In dem alten Bergwerk bei Ramingstein ist ein Stollenlehrpfad eingerichtet (Seite 80)

St. Michael

[123 D5] Zwischen Radstädter Tauern und Katschberg gelegen, hat St. Michael, seit es die Tauernautobahn gibt, ein wenig von seiner Beschaulichkeit eingebüßt. Seit 1416 ist der Ort Markt, heute leben hier rund 3600 Menschen. Die *Pfarrkirche* ist im Mittelalter mehrmals umgebaut worden. Es gibt romanische und gotische Bauteile, ebenso Fresken aus verschiedenen Epochen. In der Wolfgangskapelle sind gotische Fresken zu sehen. Die Filialkirchen *St. Ägidius* und *St. Martin* haben romanische Fresken. Die Doppelsesselbahn auf das *Speiereck* und die Aineck-Dreiersesselbahn am *Katschberg* (Skischaukel) sind sommers und winters in Betrieb.

ESSEN & TRINKEN

Wastlwirt
Rustikaler Landgasthof, verfeinerte regionale Küche. Spezialitäten: Filet vom Tauernlamm, Lungauer Bauernbraten. *Tgl., Marktstr. 13, Tel. 06477/715 50, €€–€€€*

ÜBERNACHTEN

Stofflerwirt
Gutbürgerlicher Landgasthof mit freundlicher Ausstattung. *20 Zi., Hutterstr. 11, Tel. 06477/82 93, Fax 829 33, www.stofflerwirt.at, €€*

AUSKUNFT

Ferienregion Lungau
Rot-Kreuz-Gasse 100, Tel. 06477/ 89 88, Fax 89 88 20, www.lungau.co.at

ZIEL IN DER UMGEBUNG

Denkmalhof Maurerhaus **[122 C4]**
Der Denkmalhof im 13 km nordwestlich gelegenen Zederhaus ist ein typischer Lungauer Einhof aus dem Spätmittelalter, der von 1509 bis 1978 durchgehend bewirtschaf-

Tödliche Geheimwaffe

Europas größter Arsenik-Abbau wurde jahrhundertelang im Lungau betrieben

Das Gift der Gifte wurde nicht nur zur Glaserzeugung in Murano benötigt. Als *poudre de succession,* was so viel wie Erbschaftspulver heißt, stand es ebenso hoch im Kurs wie als Mittel zur Kräftigung Schmächtiger oder als Heilmittel gegen die Syphilis, die auch die »französische Krankheit« genannt wurde. Betrügerische Pferdehändler benutzten es als Kurzzeitdoping, um abgeschlafften Gäulen kurzlebigen Glanz ins Fell zu mogeln. Als die Eisenbahn die Verkehrswege revolutionierte, war es mit dem Standort Lungau vorbei, und der Abbau von Arsenik, Eisen, Silber und Gold wurde eingestellt. Das Land verfiel der Armut, bis der Tourismus kam und mit ihm die Tauernautobahn.

Ziel für Wallfahrer und Kunstliebhaber: St. Leonhard bei Tamsweg

tet wurde. Die Ausstellung gewährt einen umfassenden Einblick in Arbeit, Wohnkultur und Brauchtum der Bauern (u. a. Mühle mit Leinstampf und »Troadkastn« für die Aufbewahrung der Vorräte). *Juni bis Sept. Mi und So 10–17 Uhr, Eintritt 2,20 Euro*

TAMSWEG

[123 E4] Der Markt auf 1024 m mit seinen fast 6000 Einwohnern ist politischer und wirtschaftlicher Mittelpunkt des Lungaus und liegt im Schnittpunkt mehrerer Gebirgstäler. Der *Marktplatz* zeichnet sich durch herrschaftliche Bürgerhäuser und das Rathaus (16. Jh.) aus.

SEHENSWERTES

St. Leonhard

★ Im Mittelalter war St. Leonhard (1421–32 errichtet) eine der meistbesuchten Wallfahrtskirchen des Landes. Besonders auffällig und eindrucksvoll sind die aus der Zeit des Krieges zwischen Friedrich II. und dem Salzburger Fürsterzbischof stammende Umfriedung sowie vor allem die goldgelb und blau verglasten Fenster.

MUSEUM

Lungauer Heimatmuseum

Im ehemaligen Barbaraspital werden heute u. a. römische Fundstücke, Waffen und bäuerliches Gerät gezeigt. *Mai–Okt. Di–So 10–12 und 14–17 Uhr, Eintritt 3 Euro*

ÜBERNACHTEN

Gambswirt

Solider Lungauer Gasthof, angeschlossen sind Bar und Pub. Empfehlenswerte Küche. *22 Zi., Marktplatz 7, Tel. 06474/23 37, Fax 23 37 53, www.gambswirt.at,* €€

Weber
Kinderfreundliche Pension am Ortsrand, Pool mit Liegewiese. *14 Zi., Sauerfeldstr. 321, Tel. 06474/23 45, Fax 234 54, www.pensionweber.com, €*

AUSKUNFT

Tourismusverband Tamsweg
Kirchengasse 107, Tel. 06474/21 45, Fax 21 45 42, www.tamsweg.at

ZIELE IN DER UMGEBUNG

Handweberei Pirkner **[123 E4]**
In diesem Betrieb in Sauerfeld (4,5 km östlich von Tamsweg) webt man seit 600 Jahren nach alten Mustern. *Führungen Tel. 06474/62 86*

Hochofenmuseum Bundschuh **[123 D5]**
Das 12,5 km südwestlich von Tamsweg gelegene Industriedenkmal im Thomatal ist eine Eisenschmelzanlage von 1862. *Juni, Sept. Mi und So (Juli/Aug. tgl.) 9 bis 16 Uhr, Eintritt 2,20 Euro, Lungauer Tälerbus ab St. Margarethen*

Lessach **[123 E4]**
Mit knapp 570 Einwohnern ist Lessach (8 km nördlich von Tamsweg) eines der kleinsten Bergbauerndörfer des Landes. Oberhalb des Dorfes, auf 1400 m Höhe, befinden sich die höchstgelegenen Bauernhöfe Österreichs. Auf dem einmaligen Insider Tipp Friedhof sind alle Gräber mit so genannten Sarchen (schwarzen Brettern) eingefasst und mit einfachen Kreuzen geschmückt. Der damit sinnbildlich zum Ausdruck gebrachte Umstand, dass der Tod weder nach Rang noch nach Namen unterscheidet, mag für Besucher wie Einheimische gleichermaßen Trost sein.

Murtalbahn, Tälerbus **[123 E4, E–F5, F4]**
Die *Murtalbahn* (Dampfsonderzüge und Amateurfahrten) fährt ab Tamsweg über Ramingstein und Murau nach Unzmarkt (Steiermark). Der *Lungauer Tälerbus* fährt ab Tamsweg. *Beide Tel. 06474/22 16*

Prebersee **[123 E4]** Insider Tipp
Der Gebirgssee liegt 9,5 km nordöstlich von Tamsweg romantisch auf 1510 m Höhe in einem Landschaftsschutzgebiet. Ende August findet das traditionelle Wasserscheibenschießen statt. Die Besonderheit des einzigartigen Schützenfestes mit Volksfestcharakter liegt an der Art des Schießens: Anvisiert wird das Spiegelbild der Zielscheibe im See. Dort prallt die Kugel von der Wasseroberfläche ab und trifft auf die Zielscheibe im Hintergrund.

Ramingstein **[123 E5]**
Ramingstein (8 km südöstlich von Tamsweg) war schon früh ein wichtiger Bergbauort. Im Mühlbachtal wurde bereits vor 1000 Jahren nach Eisen geschürft. Der Bergbau wurde jedoch zu Beginn des 19. Jhs. eingestellt. Heute stehen hier noch eine gut erhaltene *Schmelzanlage* aus dem 18. Jh. und, in der Nähe, die *Wallfahrtskirche Maria Hollenstein* in Kendlbruck, die 1754 neu errichtet wurde und vor allem wegen ihrer zahlreichen Votivbilder auffällt.

★ Seit 1443 gab es den *Ramingsteiner Silberbergbau.* Seinetwegen setzte ein rascher Zuzug von

Knappen ein, die sogar ihre eigene Gerichtsbarkeit hatten. 1780 wurde der Silberbergbau eingestellt. In jüngerer Zeit hat man einige Stollensysteme wieder zugänglich gemacht und einen Lehrpfad eingerichtet. *Führungen nach Anmeldung (ab 5 Pers.), Eintritt 10 Euro, Tel. 06474/22 96*

Die *Burgruine Finstergrün* ist insofern ein Kuriosum, als sie um 1900 neben einer Ruine aus dem 13. Jh. neu errichtet wurde. *Führungen Mai/Juni Mi und So 14 und 15.30 Uhr, Juli/Aug. Mo, Mi, Fr, So 14 und 15.30 Uhr, Sept. Mi und So 14 und 15.30 Uhr, sonst für Gruppen (ab 10 Pers.) nach Voranmeldung, Eintritt 5,50 Euro, Tel. 06475/228*

Insider Tipp

Auf dem *Krameterhof (Keusching 13)*, einem Einödhof auf 1500 m, wurde die einzige bislang funktionierende Permakultur Europas aufgebaut. *Permanent Agriculture* steht für das harmonische Zusammenleben zwischen Bauer, Pflanzen und Tieren. Es zählt zu den effizientesten Anbaumethoden. Das Anlegen kompletter Ökosysteme ermöglicht, dass in einer Umgebung, in der bislang nur Fichten und Legföhren wuchsen, Apfel-, Birnen-, Kirschen- und Marillenbäume und sogar Zitronen- und Kiwibäumchen gedeihen. Naturlehrpfad, Ökodorf, alternative Baumschule. *Führungen je nach Witterung Mitte/Ende Mai–Okt., Seminare und Vorträge nach Anmeldung, Preis auf Anfrage, Tel. 06475/239, www.krameterhof.at*

Schloss Moosham [123 D5]

Der 10 km südwestlich von Tamsweg gelegene, 1256 erstmals erwähnte Bau bei Unternberg ist heute ein Volkskunde- und Volkskunstmuseum. *Mai–Sept. 10–16 Uhr zu jeder vollen Stunde, Okt. und Dez. Di–So 11, 13 und 14.30 Uhr, Eintritt 7 Euro*

Seethalersee [123 F4]

Insider Tipp

Micrasterias brachyptera lautet der biologische Name der Zieralge, die bislang außer im Naturschutzgebiet Seethalersee (14 km nordöstlich von Tamsweg) nur bei Himmelberg in Kärnten vorgefunden wurde. Hobbybiologen werden auch von dem Schwingrasenmoor fasziniert sein.

Weißpriach [123 D4]

Weißpriach, 13 km nordwestlich von Tamsweg, ist der Ausgangspunkt für Touren auf den *Hochgolling* (2863 m), den höchsten Gipfel der Niederen Tauern.

Die Marco Polo Bitte

WWF

Marco Polo war der erste Weltreisende. Er reiste in friedlicher Absicht, verband Ost und West. Er wollte die Welt entdecken, fremde Kulturen kennen lernen, nicht zerstören. Könnte er heute für uns Reisende nicht Vorbild sein? Aufgeschlossen und friedlich sollte unsere Haltung auf Reisen sein. Dazu gehören auch Respekt vor Mensch und Tier und die Bewahrung der Umwelt.

Nationalpark und Dreitausender

Der Pinzgau ist Sportregion und Heimat der Kasnocken

Blitzblanke Zugmaschinen bei der Traktorenschau in Hollersbach

Wenn die majestätischen Dreitausender im Abendrot glühen oder der Tau auf den Bergwiesen in der Morgensonne silbrig glänzt, heißt das für die Besucher des Pinzgaus, dem mit 2640 km^2 größten Salzburger Landesteil, zweierlei: Eine ausgedehnte Wanderung durch Täler und Klammen, über sanfte Almböden oder über eine bis in die Grasregion reichende Gletscherzunge wurde eben in Angriff genommen und verheißt neben traumhaften Ausblicken unvergessliche Begegnungen mit Menschen, Tieren und Pflanzen. Oder eine Raftingtour auf der Saalach, die erste des Lebens, wurde ohne Blessuren überstanden, und das Erstaunen über den eigenen Mut ist ebenso groß wie die Lust, den Kampf mit dem Wildwasser erneut aufzunehmen. Die Gedanken an wund gelaufene Füße oder Muskelkater sind wie weggeblasen. Die Faszination der Berge und des wilden Wassers hat gesiegt. In allen drei Teilen des Pinzgaus, die sich vom Hauptort Zell am See in südwestlicher, nördlicher und südöstlicher Richtung erstrecken, stehen Aktiv- und Erlebnisurlaub ganz oben auf der Angebotsliste.

Die Berge dominieren das Leben der Region von jeher. Wie die Natur Besucher in Erstaunen und Entzücken versetzt, so fordert sie von den Anwohnern, insbesondere den Bergbauern, große Kraftanstrengungen, um die Existenz zu sichern. Das formt den Charakter und lässt eine gehörige Portion Sturheit und ein gewisses Maß an Scheu zur Selbstverständlichkeit werden. Die Widerstandskraft der Menschen drückt sich aus in dem Trotzen gegen Naturkatastrophen und dem Beharren auf Althergebrachtem, selbst wenn es in den ersten Jahrzehnten des Tourismus den Anschein hatte, als ob das importierte Fremde den Sieg über das Eigene davontragen könnte.

Berauschende Szenerie: die Krimmler Wasserfälle

LOFER

[114 B6] Lofer (1800 Ew.), einer der Hauptorte des Saalachtales, hat bereits im 15. Jh. das Marktrecht erhalten. Um 1800 gab es hier erbitterten Widerstand gegen die Franzosen am Pass Strub. Bemerkenswert: die *Pestsäule* von 1564.

ESSEN & TRINKEN

Insider Tipp

Das Bräu

Die beste Küche im Saalachtal. *Mo geschl., Lofer 28, Tel. 06588/820 70, €€*

ÜBERNACHTEN

Nachbargut

Bauernhof im Gebiet der Loferer Alm mit Streicheltieren für Kinder. *5 Zi., Faistau 19, Tel. 06588/72 32, Fax 72 33 24, www.tiscover.at/nachbargut, €*

AUSKUNFT

Tourismusverband

Nr. 310, Tel. 06588/832 10, Fax 74 64, www.lofer.at

ZIELE IN DER UMGEBUNG

Unken [114 B5]

In der Umgebung des kleinen Ortes (1900 Ew.), der 9 km nordöstlich an der Grenze zu Bayern liegt, finden sich spektakuläre Schluchten wie die *Innersbach-* und die *Schwarzbergklamm.* Im *Heimatmuseum Kalchofengut (Juni–Sept. Mi und Sa 14–16 Uhr, Eintritt 1,50 Euro)* sind Funde aus der Jungsteinzeit und Bronzezeit gesammelt. *Auskunft Tel. 06589/42 45*

Weißbach bei Lofer [114 C6]

Die *Seisenbergklamm* und die *Lamprechtsofenlochhöhlen* (10 km südöstlich) werden von Wildwassersportlern und Höhlenliebhabern sehr geschätzt.

MITTERSILL

[119 D3] Die Marktgemeinde mit 6500 Einwohnern ist der größte Ort des Oberpinzgaues. Schon zur Römerzeit führte ein Saumweg über den Felbertauern nach Norden, der sich über den Pass Thurn nach Bayern fortsetzte. Die Marktprivilegien besaß der Ort, der immer wieder durch Hochwasser zerstört wurde, seit 1403.

MUSEUM

Insider Tipp

Felberturm

Der Wehrturm aus dem 12. Jh. beherbergt ein Museum u. a. zur Entwicklung des Skilaufs und der Freiheitskämpfe um 1809. *Mitte–Ende Mai und Okt. Mo–Fr 13–17 Uhr, Juni–Sept. Mo–Fr 10–17 Uhr, Sa und So 13–17 Uhr, Eintritt 3,50 Euro*

ESSEN & TRINKEN

Bräurup

Alteingesessenes Haus mit Gewölben aus dem 18. Jh., Pinzgauer Küche. *Mo geschl., Kirchgasse 9, Tel. 06562/62 16, €–€€*

ÜBERNACHTEN

Post

Familienfreundliches und stilvolles Haus mit eigenem See zum Fischen. *8 Zi., Wachtlehenweg 2, Tel. 06562/622 50, Fax 622 54, €–€€*

FREIZEIT & SPORT

Paragliding *(www.flugschule-pinzgau.at)*, *Golfclub Mittersill-Stuhlfelden (Tel. 06562/57 00)* mit 18-Loch-Anlage, Fischen (Fliegenfischerschule: *Gasthof Bräurup, Tel. 06562/62 16*).

Mittersill ist außerdem Ausgangspunkt für Trekking-, Bike- und Radtouren.

AUSKUNFT

Tourismusverband
Marktplatz 4, Tel. 06562/42 92, Fax 50 07, www.mittersill-tourismus.at

ZIELE IN DER UMGEBUNG

Hollersbach [118 C3]
Der 5 km westlich von Mittersill gelegene Ort hat 1200 Einwohner. Seit 1986 baut Yves Rocher auf einer Fläche von 1,5 ha jährlich etwa 2,5 t Kräuter an: Ringelblumen, Malven, Quendel, Arnika u. a. *Führungen Tel. 06562/81 05, Fax 84 58*

Erholungshotel Kaltenhauser, 28 Zi., Hollersbach 17, Tel. 06562/811 70, Fax 81 17 50, www.tiscover.at/kaltenhauser, €€

Krimml [118 B4]
Der Luftkur- und Wintersportort (880 Ew., 26 km südwestlich von Mittersill) lag jahrhundertelang abgeschieden. Seit 1962 verbindet die Gerlospassstraße Krimml mit dem angrenzenden Zillertal in Tirol. Die in drei Stufen 380 m ins Tal stürzenden ★ *Krimmler Wasserfälle (April–Okt., übrige Jahreszeit auf eigene Gefahr, Eintritt 1,50 Euro)* ziehen seit dem 18. Jh. Ströme von Besuchern an. Bis zum obersten Fall braucht man eine Stunde. Krimml ist Ausgangspunkt für Bergtouren in die Venediger- und die Reichenspitzgruppe (Zillertaler Alpen). Hotel: *Landhaus Rosengartl, 12 Zi., Oberkrimml 106, Tel. 06564/75 56, Fax 75 56 16, landhaus@rosengartl.at,* €. Auskunft: *Tourismusverband Krimml, Tel. 06564/723 90, www.krimml.at*

Neukirchen am Großvenediger [118 B4]
Der 2600-Einwohner-Ort (17 km südwestlich) an der Einmündung des Habach- und Untersulzbachtals ins Salzachtal ist neben Mittersill das zweite Zentrum des Oberpinzgaus. 1841 begann hier die abenteuerliche Erstbesteigung des Großvenedigers. Auf dem Weg zum

MARCO POLO Highlights »Pinzgau«

★ **Krimmler Wasserfälle**
Erfrischender Anblick: Der höchste Wasserfall Mitteleuropas stürzt über drei Felsstufen rauschend talwärts (Seite 85)

★ **Nationalpark Hohe Tauern**
Mit 1787 km² die letzte zusammenhängende geschützte Naturlandschaft Österreichs dieser Größenordnung (Seite 90)

Rast im Nationalpark Hohe Tauern

Schloss Hohenneukirchen liegen der *Samerhofstall (Zukunftskollegium Nationalpark Hohe Tauern)* und der *Kammerlanderstall (Kulturverein Tauriska)*. Das historische Insider Tipp *Kupferbergwerk Hochfeld* *(Führungen Ende Mai–Mitte Juni Mo–Do 10.30–14 Uhr, Mitte Juni–Mitte Sept. Mo–Fr 10.30–15, Sa und So 11–13 Uhr, Mitte Sept.–Okt. Mo bis Do 11.30–13.30 Uhr, Eintritt 11 Euro, Tel. 06565/62 56, 0664/231 31 08)* ist eine der originellsten und größten Schaubergwerk-Anlagen (1200 m langer Stollen). Gutes Schuhwerk und warme Kleidung sind unbedingt erforderlich.

Uttendorf **[119 D3]**

Wo sich das Stubachtal zum Salzachtal hin öffnet, liegt Uttendorf (2830 Ew., 8 km östlich von Mittersill). In der Nähe des Ortszentrums wurden 500 Urnengräber aus der Hallstattzeit gefunden. Aus der Zeit zwischen 750 und 600 v. Chr. stammen mehr als 400 Steinkistengräber, die im Gebiet des Uttendorfer Sonnbergs gefunden wurden.

Die *Weißsee-Gletscherbahnen (Juni–Okt. tgl. 9–16.15 Uhr, Tel. 06563/85 93)* führen bis auf eine Höhe von 2310 m (Talstation Enzingerboden, Mittelstation Grünsee) zum *Alpinzentrum Rudolfshütte* des Österreichischen Alpenvereins am Weißsee (*Doppelsesselbahn Medelz* bis auf 2600 m). Vom Alpinzentrum führt der Gletscherrundweg weiter zum *Sonnblickkees* und der Gletscherlehrpfad zum *Ödenwinkelkees*.

RAURIS

[120 C4] Der Ort (3100 Ew.) ist sommers wie winters auf Feriengäste eingestellt. Jeweils im März finden die im gesamten deutschsprachigen Raum beachteten Rauriser Literaturtage statt. Das *Heimat- und Talmuseum (Mitte Dez. bis 1. Woche nach Ostern und Juni bis Okt. Fr–Mi 10–12 Uhr, Eintritt 3 Euro, Marktstr. 59)* dokumentiert vor allem das Bergwerkswesen. 300 Waschpfannen stehen für interessierte Goldwäscher bereit.

ESSEN & TRINKEN

Grimming

Traditionsreiches Gasthaus neben der Kirche. Serviert wird gute, bodenständige Küche. *Tgl., Marktstr. 25, Tel. 06544/62 68,* €€

ÜBERNACHTEN

Pinzgauer Hof

Familiengasthof mit angeschlossenem Bauernhof. Es gibt Ponys,

Kleintiere und eine Heuhütte. *12 Zi., Hundsdorfer Str. 10, Tel. 06544/63 83, Fax 638 35, pinzgauerhof-rauris@rauris.net, €–€€*

St. Hubertus
Gut ausgestattetes Sporthotel, Talstation der Hochalmbahnen vor der Tür. *50 Zi., Liftweg 4, Tel. 06544/649 70, Fax 64 97 60, www.rauris.net/hubertus, €€*

AM ABEND

Beliebt ist das Disko-Café *Rauriser Stadl.* Für späte Gäste: Café *Lasser* und die *Knappenstube.*

AUSKUNFT

Tourismusverband Rauris
Marktstr., 30, Tel. 06544/62 37, Fax 70 49, www.rauris.net

ZIEL IN DER UMGEBUNG

Kolm-Saigurn **[120 C5]**
Der *Tauerngold-Rundwanderweg* mit Gletscherschaupfad führt an ehemaligen Stätten des Goldbergbaus in Kolm-Saigurn (20 km südlich von Rauris) vorbei. Kolm-Saigurn ist Ausgangspunkt für Touren auf den *Sonnblick* (3105 m), auf dem sich seit 1886 ein meteorologisches Observatorium befindet.

SAALBACH-HINTERGLEMM

[119 E2] Saalbach, der Hauptort des Wintersports im Glemmtal (3000 Ew.) bietet 78 Abfahrten, die jeweils zu einer weiteren Aufstiegshilfe führen. Die *Schattberg-Seilbahn* ist mit 100 Personen pro Gondel die größte Seilbahn Österreichs.

ESSEN & TRINKEN

Forellenhof
Spezialität des Hauses sind Forellen in 14 Zubereitungsarten. *Tgl., Hinterglemm, Pfefferweg 206, Tel. 06541/717 10, €€*

ÜBERNACHTEN

Alpenhotel Thomas
Eines der größten Häuser in Saalbach. Komfortable Zimmer, Suiten und Familienapartments, Show und Nachtleben. *87 Zi., Saalbach 212, Tel. 06541/666 60, Fax 666 68 88, www.alpenhotel.at, €€–€€€*

Gollingerhof
Gemütliches, familienfreundliches, sehr gut ausgestattetes Haus mit umlaufenden Balkonen. *30 Zi., Saalbach 376, Tel. 06541/729 20, Fax 729 28, www.gollingerhof.at, €*

AM ABEND

Das Nachtleben von Saalbach ist ausgeprägt. Es gibt eine Überfülle von Bars und Diskos, z. B. die *Turmbar,* die *Kuhstall Bar,* die Diskothek *King's* und *Bauer's Skibar.* In Hinterglemm **[119 D2]**, am Ende das Tals, haben die *Almbar,* der *Glemmerkeller* und die *Harley Bar* bis weit nach Mitternacht geöffnet.

AUSKUNFT

Fremdenverkehrsverband Saalbach-Hinterglemm
Für beide Orte: Saalbach 550, Tel. 06541/68 00 68, Fax 68 00 69, www.saalbach.com

SAALFELDEN

[120 B2] Aufgrund der günstigen Lage in einer Talweitung gab es hier schon in prähistorischer Zeit eine Siedlung. Während des Hochmittelalters war der Ort (heute 15 200 Ew.) Mittelpunkt der bayerischen Grafschaft Unterpinzgau, 2000 wurde er zur Stadt erhoben.

MUSEUM

Pinzgauer Heimatmuseum
Im Schloss Ritzen werden keltische Ausgrabungen, Mineralien und die größte alpenländische Krippenschau gezeigt. *Juli–Sept. Di–Fr 10–12 und 14–17 Uhr, Okt.–Juni Mi, Sa, So und Feiertage 14–17 Uhr, Eintritt 3,30 Euro*

ESSEN & TRINKEN

Schatzbichl
Hier wird mit fast ausschließlich heimischen Produkten die Pinzgauer Küche weiterentwickelt. *Di geschl., Ramseiden 82, Tel. 06582/732 81, €€€*

ÜBERNACHTEN

Gasthof Oberbiberg
Sehr gepflegtes Haus, familiäre Atmosphäre, etwas außerhalb. Mit Sauna. *20 Zi., Kehlbach 2, Tel. 06582/741 50, Fax 74 15 02, €*

AM ABEND

Saalfelden ist eine Hochburg des Jazz mit eigenem Festival. Die Disko *Studio* ist sehr jungen Leuten vorbehalten. Beliebte Lokale sind *Valentino, Hindenburg* und *Knast.*

AUSKUNFT

Saalfelden-Leogang-Touristik
Bahnhofstr. 10, Tel. 06582/706 60, Fax 753 98, www.leogang-saalfelden.at

ZIELE IN DER UMGEBUNG

Leogang **[120 A1–2]**
Die Gemeinde (3000 Ew.) 7 km westlich von Saalfelden umfasst 15 Ortschaften. In der Nähe kann das *Schaubergwerk,* der *Daniel- und Barbarastollen (Di–So 11–17 Uhr, Eintritt 6 Euro),* besichtigt werden. Hier wurden Kupfer, Silber, Blei, Quecksilber, Nickel, Kobalt und Magnesit abgebaut. Restaurant: *Kirchenwirt, tgl., Tel. 06583/821 60, €€.* Hotel: *Krallerhof, 100 Zi., 6 Suiten, Tel. 06583/824 60, Fax 82 46 85, www.krallerhof.com, €€*

Maria Alm **[120 B2]**
Die idyllische Lage 6 km südöstlich zwischen Steinernem Meer und Dientener Bergen hat Maria Alm zu einem beliebten Ferienort gemacht. Vom Bauboom der 1970er-Jahre blieb der Ort leider nicht verschont. Die *Wallfahrtskirche* mit einem Gnadenbild von 1480 hat den mit 84 m höchsten Kirchturm im Land.

ZELL AM SEE

[120 A–B3] Der Ferienort (knapp 10 000 Ew.) mit Stadtrecht seit 1928 liegt eingezwängt zwischen dem See und der Schmittenhöhe. Im Mittelalter waren die Bewohner als Säumer (Tauschhändler) tätig, die den Süden mit Salz belieferten und auf dem Rückweg aus dem Friaul mit Wein zurückkehrten.

Blühender Sommer in der Gemeinde Leogang

Spätestens im 16. Jh. wurde Zell am See Gerichtssitz. Eine neue Entwicklung wurde 1875 eingeleitet, als die heutige Westbahn von Salzburg nach Innsbruck und 20 Jahre später die Pinzgauer Lokalbahn nach Mittersill und Krimml den Betrieb aufnahmen. Der romanische Kern der *Stadtpfarrkirche* stammt aus dem 12. Jh. Im *Schloss Rosenberg* (1583), einem für Salzburg typischen Adelssitz, sind das Rathaus und eine Galerie untergebracht.

Insider Tipp

MUSEUM

Heimatmuseum
Der Kastner- oder Vogtturm am Stadtplatz aus dem 10. Jh. war ehemals Getreidespeicher und ist jetzt Heimatmuseum mit über 2500 Exponaten (Trachten, Möbel, Handwerk, Ski-, Rad- und Alpinentwicklung). *Weihnachten–Ostern und Mai–Okt. Mo–Fr 13–17 Uhr, Eintritt 2,50 Euro*

ESSEN & TRINKEN

Metzgerwirt
500 Jahre alter Gasthof mit schattigem Gastgarten und Innenhof. Österreichische Küche und Pinzgauer Spezialitäten. *Tgl., Sebastian-Hörl-Str. 11, Tel. 06542/ 725 20,* €€

Schloss Kammer Insider Tipp
Traditionsreiches Landgasthaus in einem Gutshof, großes Angebot an heimischen Gerichten. Außerdem kann ein Privatmuseum besichtigt werden. *Tgl., 5,5 km vom Zentrum in Maishofen, Kammererstr. 22, Tel. 06542/68 20 20,* €€

ÜBERNACHTEN

Margarete
Etwas außerhalb gelegene Familienpension für individuelle Ansprüche. *21 Zi., Schmittenstr. 123, Tel. 06542/727 24, Fax 727 24 50, www.pensionmargarete.at,* €

Die Rückkehr des Bartgeiers

Ein Sechser im Lotto für den Naturschutz

Es war ein ehrgeiziges Projekt, und es ist geglückt. Die Bartgeier galten im Alpenraum als ausgestorben. Jetzt vermehren sie sich wieder und ziehen ihre weiten Kreise über den Alpen. Der Erfolg verdankt sich vor allem der Initiative des ★ Nationalparks Hohe Tauern und der finanziellen Unterstützung durch die Österreichischen Lotterien. Die Gründung des Nationalparks war eine zähe Angelegenheit – schließlich hatten sich drei Bundesländer und zahlreiche Anrainer mit höchst unterschiedlichen Interessen zu einigen. 1971 per Gesetz beschlossen, Anfang der 1980er-Jahre realisiert, hat das Projekt selbst die härtesten Gegner längst von seinem Nutzen überzeugt. *Ferienregion Nationalpark Hohe Tauern, Niedernsill, Tel. 06548/84 17, Fax 84 36; Nationalparkverwaltung Neukirchen, Tel. 06565/655 80, Fax 65 58 18, www.hohetauern.at*

St. Georg
Noble Atmosphäre, ländlich eingerichtet, gemütlich. Geräumige Zimmer und Apartments. *36 Zi., Schillerstr. 32, Tel. 06542/768, Fax 76 83 00, www.grossglockner.co.at, €€–€€€*

FREIZEIT & SPORT

Die *Schmittenhöhenbahn* führt auf die *Schmittenhöhe* (1968 m); dort bietet sich ein beeindruckender Rundblick. Diese Bahn ist wie die anderen (*Zeller Bergbahn, Sonnenalmbahn, Sonnenkogelbahn* und *Areitbahn* in Schüttdorf) auf Sommer- und Winterbetrieb eingestellt *(Tel. 06542/78 90)*.

AM ABEND

Im Pfarrsaal gibt es gelegentlich Darbietungen des hochqualifizierten Singkreises Zell am See, Theateraufführungen und Kabarett. Treffpunkte sind die Taverne beim Café *Feinschmeck*, die *Diele* und das *Evergreen Dancing*, wo auch ältere Semester anzutreffen sind. In-Lokale sind ferner das *Sugar Shake, Crazy Daisy* und *Insider* sowie in Schüttdorf das *Sunrise*.

AUSKUNFT

Fremdenverkehrsverband Zell am See
Brucker Bundesstraße 3, Tel. 06542/770, Fax 720 32, www.zellamsee.at

ZIELE IN DER UMGEBUNG

Bruck **[120 B3]**
Der Ort (rund 4400 Ew.) liegt 6 km südöstlich an der Schnittstelle der Wege durch das Salzachtal und über die Hohen Tauern. Es gibt Zeugnisse einer Besiedlung um 1500 v. Chr. und Urnengräber aus der Zeit um 1000 v. Chr. *Schloss*

Fischhorn, in dem 1945 Hermann Göring festgenommen wurde, befindet sich in Privatbesitz. Im 18. Jh. war Bruck ein Stützpunkt der Protestanten. 1732 wurden 22 000 von ihnen aus dem Land vertrieben.

Fusch **[120 B4]**
Die Streusiedlung (760 Ew.) liegt 12,5 km südöstlich von Zell am See auf 805 m Höhe. Von hier führt die Glocknerstraße in hochalpine Regionen. Seit dem 15. Jh. nimmt jedes Jahr Ende Juli von Fusch aus die »Pinzgauer Wallfahrt« nach Heiligenblut in Kärnten ihren Ausgang. *Wildpark Ferleiten* (Streichelzoo): *Mai–Nov. tgl. 8 Uhr bis zum Einbruch der Dunkelheit, Eintritt 5 Euro, www.wildpark-ferleiten.at*

Kaprun **[120 A3]**
Ende des 19. Jhs. noch ein kleiner Kirchenweiler, ist Kaprun (heute 2950 Ew., 7 km südwestlich von Zell am See) mit dem Bau der Kraftwerksgruppe und dem Tourismus schnell gewachsen. Zum *Kraftwerk* geht es bis auf knapp 2100 m mit Bussen bzw. mit dem so genannten Schrägaufzug hinauf. Hinter dem Bürgkogel ist das Naturdenkmal *Siegmund-Thun-Klamm* zu entdecken, eine der schönsten Klammen im Land. Die Gletscherbahnen Kaprun-Kitzsteinhorn (3204 m, Bergstation 3029 m, *Tel. 06547/87 00, www.kaprun.at*) ermöglichen seit den 1960er-Jahren den Sommerskilauf. Das *Kapruner Schloss* mit mächtigem Burgfried ist das weithin sichtbare Wahrzeichen der Gemeinde und dient heute als Kulturzentrum. Empfehlenswerte Hotels sind z. B. das *Sporthotel (68 Zi., Krapfstr. 546, Tel. 06547/86 25, Fax 86 25 19, www.sporthotel-kaprun.at, €€€)* und *Orgler (Kaprun, 32 Zi., Tel. 06547/82 05, Fax 75 67, www.hotel-orgler.at, €€)*. Preisgünstig essen können Sie in der *Schlemmerstube (tgl., Schlossstr. 424, Tel. 06547/83 42, €–€€)*.

Piesendorf **[120 A3]**
Bei Piesendorf (rund 3600 Ew.), das 8 km südwestlich von Zell am See liegt, weitet sich das Salzachtal. Den verwinkelten Ortskern prägen mächtige gemauerte Häuser. In der *Pfarrkirche St. Laurentius* wurden ab 1995 spätgotische Fresken freigelegt. Im Kulturhaus wird eine Dokumentation über *Sebastian Perfellers Chinesenstadt (Mo–Fr 8–12 und 14–17 Uhr, Info Tel. 06549/72 39)* gezeigt. Der weltreisende Sonderling hatte 1867–83 in einem Nebental eine skurrile Anlage erbaut, die heute im Modell zu besichtigen ist.

Insider Tipp

Kraftwerk mit Aussicht: am Kapruner Stausee

Über Berg und Tal

Die Touren sind in der Karte auf dem hinteren Umschlag und im Reiseatlas ab Seite 114 grün markiert

1 HOCHALPIN: DIE GROSSGLOCKNER-REGION

Dieser rund 100 km lange Tagesausflug führt auf der Großglockner Hochalpenstraße bis hinauf in die Gletscherregion. Bei der Vorbereitung sollten Sie auf eine stabile Schönwetterlage achten. Packen Sie Pullover und gutes Schuhwerk ein, und treffen Sie Vorsorge bei empfindlichem Magen und Höhenunverträglichkeit.

Ausgangspunkt der 50 km langen Fahrt nach Heiligenblut in Kärnten ist *Zell am See (S. 88).* Sie umfahren den Ort Bruck und erreichen nach knapp 20 km die *Mautstelle Ferleiten (26,50 Euro).* Die ★ Großglockner Hochalpenstraße von 1935 ist überaus eindrucksvoll und ermöglicht es, einen hochalpinen Landschaftsraum zu erleben. Auf der Fahrt sind nicht einmal 1500 Höhenmeter zu überwinden, und doch führt sie durch alle Vegetationszonen von der Wiesenlandschaft bis zum Gletscher. Das ist sonst nur auf einer 4000 km langen Reise in die Arktis zu erleben. Zwischen November und Mai ist die Strecke wegen Schnees und Lawinengefahr gesperrt. Sperrungen sind aber auch in der übrigen Zeit möglich.

Der Straßenzustand ist ausgezeichnet, die Steigungen betragen nie mehr als 12 Prozent. Die Anforderungen an Fahrer und Fahrzeug sind jedoch erhöht wegen der Verkehrsfrequenz, der vielen Kurven, des Höhenunterschieds, des Temperaturgefälles und der spürbar dünneren Luft ab 2000 m. Die Steigung von der *Embachkapelle* (946 m) an führt zuerst durch die wildromantische *Bärenschlucht.* Von hier sehen Sie auf den gletscherreichen *Talschluss* des Ferleitentals. Am *Schleierwasserfall* vorbei geht es in den *Pierslgraben.* Es folgen vier Kehren zum *Parkplatz Piffkar* (1620 m). Dort beginnt ein *Naturlehrpfad* mit Blick auf das Große Wiesbachhorn (3654 m). Zwei Kehren weiter erreichen Sie am *Parkplatz Hochmaiß* (1850 m) Insider Tipp die Baumgrenze. Von dort sehen Sie erneut den Talschluss des Ferleitentals mit seinen Gletschern.

Nach zwei Kehren führt die Straße durch das steile Bergsturzgebiet der *Hexenküche* (drei Kehren). An der *Edelweißwand* vorbei erreichen Sie das flache Gelände des oberen *Naßfelds.* Nach drei Kehren

Das Großglocknermassiv liegt im Zentrum des Nationalparks Hohe Tauern

Wallfahrtskirche Heiligenblut

und einer weiten Schleife über den *Törlgrat* gelangen Sie zur Abzweigung der 2 km langen *Edelweißstraße* (Steigung bis zu 14 Prozent) zur Edelweißspitze (2571 m). Auf der Großglocknerstraße erreichen Sie dann den *Parkplatz Fuscher Törl* (2405 m) mit Blick auf den Brennkogelgletscher.

Vom Fuscher Törl mit dem Gasthof Franz-Rehrl-Haus (2394 m) fällt die Straße ab zur *Fuscher Lacke* und zum 117 m langen *Mittertörltunnel.* Sie steigt mit zwei Kehren wieder an zum 311 m langen *Hochtortunnel,* durch den die Grenze zwischen Salzburg und Kärnten verläuft. Der *Parkplatz am Südportal* bietet Ausblicke auf die vielen Gipfel der Schobergruppe. Letzter Aussichtspunkt der Fahrt ist die *Franz-Josephs-Höhe* (2362 m) am 9,4 km langen und 1,2 km breiten *Pasterzengletscher.* Dahinter gruppieren sich die vergletscherten Berge um den *Glocknergipfel* (3497 m), Österreichs höchsten Berg. Zielpunkt ist *Heiligenblut* in Kärnten mit seiner gotischen Wallfahrtskirche.

2 WUNDER DER NATUR: AUF DEM WEG NACH HALLSTATT

Einzigartige Naturschönheiten reihen sich entlang dieser gut 80 km langen Strecke. Der Tagesausflug bietet faszinierende Einblicke in die Dachsteinregion und den Besuch eines geschichtsträchtigen Orts. Packen Sie ein Picknick ein, und vergessen Sie nicht, Badezeug mitzunehmen!

Seit die romantische Schmalspurbahn von Salzburg nach Bad Ischl nicht mehr besteht, muss man sich für eine Fahrt ins Salzkammergut zwischen zwei Varianten entscheiden. Die klassische Route führt über Hof, Fuschl, St. Gilgen und Strobl nach Bad Ischl. Weniger populär, aber besonders reizvoll ist eine andere: jene von *Golling* *(S. 71)* nach *Hallstatt* *(S. 56).*

Zu Beginn machen Sie einen kleinen Abstecher zum *Gollinger Wasserfall.* Sie folgen zuerst der Einbahnstraße durch Gollings Ortsmitte bis zu einer Kreuzung, an der Sie sich rechts halten und den beschrankten Bahnübergang benutzen. Über die Salzachbrücke geht es nach *Torren* und geradeaus weiter, unter der Tauernautobahn durch, nach *Nikolausdörfl* und zum *Torrener Hof,* wo es genügend Parkplätze gibt. Auf einem Waldweg erreichen Sie in wenigen Minuten den Wasserfall. Er ist im

Frühjahr wegen der größeren Wassermassen besonders eindrucksvoll.

Die gut ausgebaute Lammertal-Bundesstraße zweigt südlich von Golling von der Salzachtal-Bundesstraße ab. Nach 12 km sollten Sie in *Oberscheffau* Zwischenstation machen. An der Lammerbrücke beginnt der Zugang zu den *Lammeröfen,* einem besonders sehenswerten Naturdenkmal. Die Eisenkonstruktionen der Brücken und Stege sind gefahrlos zu betreten und mehrfach gesichert. Wenn Sie alle Vorschriften einhalten, kann selbst beim Besuch mit Kindern nichts passieren. Der obere Ausgang befindet sich am Parkplatz Lammeröfen. Von dort ist es nicht mehr weit zum Ort *Abtenau (S. 64)* und seinem Hausberg *Schober* (1810 m). Hinter Abtenau kommen Sie an eine Kreuzung: Rechts geht es nach Annaberg und St. Martin, Richtung Hallstatt aber müssen Sie sich links halten. Sie fahren an Rußbach vorbei zum *Pass Gschütt.* Auf der Scheitelhöhe verläuft die Grenze zwischen Salzburg und Oberösterreich. Das gut geführte *Gasthaus Dachsteinblick (Tel. 06136/82 46, €–€€)* trägt seinen Namen zu Recht.

Sie sollten nun zum *Vorderen Gosausee* fahren, eine Strecke von 7 km. Die Straße führt durch ein breites Tal mit Wiesen und Bergwäldern. Schon von dort aus gibt es überragende Ausblicke auf den *Gosaukamm,* der sich mit seinen wilden Spitzen und Graten vom *Dachstein* (2995 m) absetzt. Beim *Gasthaus Gosauschmied (Tel. 06136/85 13, €–€€),* einem bekannten Stützpunkt der Bergsteiger, beginnt die Auffahrt zum Vorderen Gosausee. Kurz vor dem See gibt es zwei Parkplätze. Vom Ufer-

Im Frühjahr ist der Gollinger Wasserfall besonders mächtig

parkplatz aus bietet sich ein überaus malerischer Blick auf den Bergsee sowie den Gletscher und die Felszinnen des Dachsteins.

Von Gosau führt die Straße an das Ostufer des Hallstättersees. Die Uferstraße wurde dem Steilhang des Sees abgerungen. Parallel zu ihr verläuft eine Soleleitung bis nach *Hallstatt (S. 56)*. Mit zwei Tunnelröhren und richtungsgetrennten Fahrbahnen wird der Ort umgangen. Für die Besucher gibt es oberhalb von Hallstatt Parkplätze. Die Abgänge über Stufen sind bezeichnet. Der Blick auf die Dächer der dicht gedrängten Häuser ist reizvoll. In Hallstatt bewegen Sie sich auf geschichtsträchtigem Boden: Der Ort hat der Älteren Eisenzeit ihren Namen gegeben (Hallstattzeit). Die gotische Kirche mit dem Beinhaus ist sehenswert.

Zurück können Sie denselben Weg nehmen, denn er bietet in der Gegenrichtung ganz neue Perspektiven. Wollen Sie dies jedoch nicht, können Sie von Hallstatt über *Bad Goisern, Bad Ischl (S. 50), Strobl* und *St. Gilgen (S. 59)* den Rundkurs Richtung Stadt Salzburg schließen.

3 DIE NOCKRUNDE

Auf der einwöchigen Tour geht es – durchweg auf leicht begehbaren Wanderwegen – über Almböden und durch Zirbenwälder zu Graten und Gipfeln hinauf. Die Gesamtwanderzeit beläuft sich auf knapp 30 Stunden, wobei die Tour so angelegt ist, dass fünf Übernachtungen im Tal bzw. in Berggasthöfen eingeplant sind. Die beste Wanderzeit: Juni bis Sept. Wichtig sind bequemes Schuhwerk und eine detaillierte Wanderkarte. Die Tour kann auch als geführte Wanderung mit Gepäcktransfer und Reservierung der

St. Gilgen am Wolfgangsee hat sich herausgeputzt

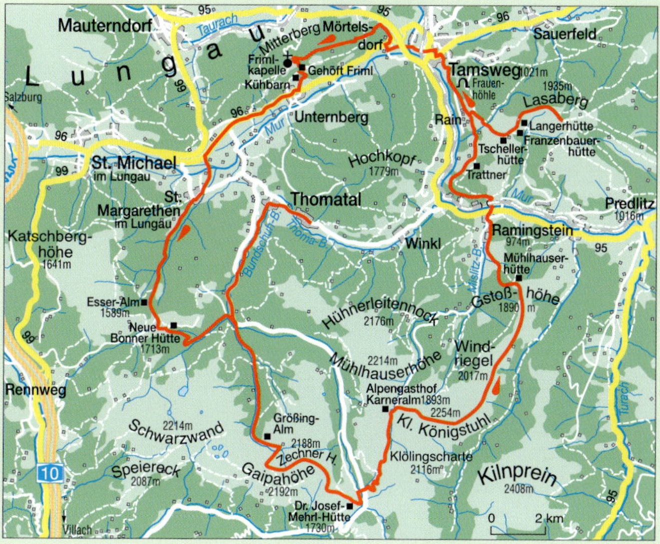

Übernachtungen gebucht werden (Ferienregion Lungau, Infostelle Mauterndorf, Markt 52, 5570 Mauterndorf, Tel. 06472/79 49, Fax 79 49 27, www.mauterndorf.at).

Nach Anreise und Übernachtung in *St. Margarethen* (1065 m) beginnt die Wanderung mit dem Aufstieg über die *Esseralm* (1589 m) zur *Bonner Hütte* (1713 m). Der Abstieg führt zur ersten Übernachtung nach *Thomatal* (1050 m). Am nächsten Tag geht es durch die Weißseite über die *Größingalm* zur *Gaipahöhe* (2192 m), zur *Zechnerhöhe* (2188 m) und zur *Mattehanshöhe* (2086 m). Übernachtet wird diesmal auf der *Dr.-Josef-Mehrl-Hütte* (1730 m). An der Westseite unter dem Schilchernock wandern Sie tags darauf in die *Klölingscharte* (2116 m). Abwärts geht's dann durch den Talschluss der Klölingalm zum *Alpengasthof Karneralm* (1893 m). Am vierten Tag erwartet Sie der Aufstieg zum *Kleinen Königstuhl* (2254 m). Nach 6 km Höhenweg führt der Weg weiter über *Windriegel* (2017 m) zur *Gstoßhöhe* (1890 m) und abwärts über die Mühlhauserhütte nach *Ramingstein* (974 m). Der fünfte Tag beginnt mit dem Aufstieg auf den *Lasaberg* (1934 m), zunächst zum Trattnerbauern und dann weiter über die Tschellerhütte, die Franzenbauerhütte und die Langerhütte. Zurück gehen Sie auf demselben Weg bis zum Langerbauern (1359 m), von dort abwärts über *Rain* (1242 m) zur schwer zugänglichen *Frauenhöhle* (1131 m) bis nach *Tamsweg* (1021 m). Der letzte Wandertag bringt Sie auf dem Ottingerweg nach *Mörtelsdorf* und danach ein letztes Mal bergauf zum *Mitterberg* (1399 m). Der Abstieg nach *Unternberg* (1028 m) führt über die Frimlkapelle (1358 m), das Gehöft Friml und über Kühbarn.

Insider Tipp

Ein Eldorado für Sportler

Ob im Wasser oder auf den Bergen – das Salzburger Land und das Salzkammergut sind für Aktivurlauber unwiderstehlich

Das Salzburger Land und das Salzkammergut lassen Sportlerherzen höher schlagen. Die besondere Attraktivität liegt in der einmaligen Verbindung von Hochgebirge und sanftem Alpenvorland, von stillen Seen und wilden Gewässern, von Bergeinsamkeit und hektisch-quirliger Sommerfrische. Es gibt kaum etwas, was es nicht gibt: extreme Berg- und Klettertouren, auch über eisige Wasserfälle, Gletscherwanderungen, Rafting, Canyoning, Hydrospeed, Mountainbiken, Trekking, beschauliches Radeln an Flüssen und Seeufern entlang, Paragliding und Sportfliegen, Segeln, Rudern, Schwimmen, Angeln, Golfen und Reiten nicht zu vergessen. Vom Skifahren gar nicht zu reden. Gut ausgeschilderte Rad- und Wanderwege führen zu Aussichtspunkten, idyllischen Rastplätzen und freundlichen Gaststätten, Alm- und Schutzhütten und vielleicht sogar zu einem einsamen Plätzchen, an dem man die Seele baumeln lassen kann. Für alle Sportarten, die nicht allein unternommen werden dürfen, stehen erfahrene, verantwortungsvolle Führer und Begleiter zur Verfügung.

Der Mondsee ist ein attraktives Surfrevier

FLIEGEN & PARAGLIDING

Die *Alpine Segelflugschule Zell am See* bietet Fluglehrgänge an: *Kapruner Str. 7, Tel. 06542/572 25, Fax 57 22 55, asz@aon.at*

Weniger aufwändig lässt sich die Lust zu fliegen mit dem Paraglider realisieren: Die *Pinzgauer Flugschule (Weichseldorf 211, Bramberg, Tel. 06566/82 07, Fax 820 74, www.flugschule-pinzgau.at)* erteilt Unterricht und stellt die Ausrüstung bereit.

GOLF

Im Salzburger Land und im Salzkammergut gibt es über 15 Golfplätze. Der älteste liegt bei Schloss Klesheim, vor den Toren der Stadt Salzburg, einer der größten mit zwei 18-Loch-Championship-Courses liegt in der Europa Sportregion Zell am See-Kaprun. Weitere ausgewählte Plätze inmitten der Hohen Tauern: Bad Gastein, Goldegg, Mittersill, St. Michael im Lungau – oder vor der Tauernkulisse: Henndorf, Bad Ischl, Mondsee.

Infos: *Österreichischer Golf-Verband, Wien, Prinz-Eugen-Str. 12, Tel. 01/50 24 50, Fax 505 49 62 oder www.golf.at*

SCHWIMMEN, SURFEN, SEGELN

Auf den Seen des Salzkammerguts, des Alpenvorlandes und auf dem Zeller See herrscht selten Flaute. Anlegestellen für Surfer sind gekennzeichnet. In vielen Orten an den Seen gibt es Segelschulen, Boote und Surfbretter werden verliehen. An den größeren Seen ist Schwimmen meist nur in Strandbädern möglich.

RADFAHREN & MOUNTAINBIKING

Der ★ *Tauernradweg* führt von Krimml über das Salzach- oder Saalachtal bis in die Stadt Salzburg, von dort weiter bis zur Innmündung und nach Passau. Die Gesamtstrecke beträgt 330 km bei einem Höhenunterschied von etwa 700 m. Im Lungau führen idyllische, flache Radwege auf einer Länge von 170 km durch Wiesen und Wälder.

Für Trekkingfahrer ist der Insider Tipp *Murradweg* angelegt, die Gesamtstrecke von 365 km wird auf sieben Etappen zurückgelegt. Weniger lang und anstrengend, aber landschaftlich sehr reizvoll sind die Radwanderwege im Trumer Seenland.

Für Mountainbiker ist von der leichten Schnuppertour bis zu den herausfordernden »Up- and Downhills« für Profis zwischen Krimml und Bad Aussee alles zu finden. Die *BikeWorld* in Leogang bietet nicht nur Unterricht, sondern auch Parcours in der Umgebung und Biker-Cross an: *Tel. 06542/804 80, www.bikerworld.at.*

REITEN

Neben den Reitställen in vielen Orten werden in Bad Hofgastein, Straßwalchen und St. Georgen im Attergau Reiterferien angeboten *(www.reiterferien.at)*, Pferdetrekkings gehen von Neukirchen am Großvenediger aus los.

SKIFAHREN

In der Heimat von Annemarie Moser-Pröll, Hermann Maier und anderen weltbesten Skisportlern gibt es in den Wintersportzentren Zell am See-Kaprun, Saalbach, Altenmarkt-Zauchensee und Obertauern alles an Pisten sowie Seilbahn- und Liftanlagen, was Skifahrer sich wünschen. Die Pisten und Abfahrten sind nach Schwierigkeitsgraden eingeteilt und entsprechend ausgeschildert. In Piesendorf lockt der *Erlebnisberg Nagelköpfel* mit vielfältigem Funsportangebot wie Sky Glider, vierfacher Tubingbahn oder Bungee-Skiing *(Info: Fremdenverkehrsverein Piesendorf, Tel. 06549/72 39, www.piesendorf.at)*.

Mit dem Neubau der Umlaufseilbahnen auf das Kitzsteinhorn, Gletscherjet 1 und 2 (Fertigstellung im Herbst 2002), können stündlich 4000 Personen befördert werden.

Die *Salzburger Super Ski Card (3- bis 12-Tage-Karte oder Saisonkarte, Tel. 06542/78 92 11, www.salzburgersuperskicard.com)* erleichtert den Zugang zu allen Skigebieten.

Auch Skilangläufer finden in fast allen Orten und Regionen sehr gute Bedingungen vor.

WANDERN, BERGSTEIGEN, KLETTERN

7200 km markierte Wanderwege: Einer davon ist der *Arno-Rundwanderweg,* der durch alle Regionen des Salzburger Landes führt. In der Welt der Zweitausender und Dreitausender gibt es wie im Großarltal Wege, Steige und Routen aller Schwierigkeitsgrade. Gute Ausrüstung und ein offenes Ohr für Ratschläge und Warnungen der erfahrenen Hüttenwirte vorausgesetzt, sind Wanderungen in den Hohen Tauern ein unvergessliches Erlebnis. In allen Tourismusbüros gibt es Auskünfte über geführte Touren und konzessionierte Bergführer.

Klettergärten gibt es am Pass Lueg und am Plombergstein (auch für Kinder), eine Boulderanlage in Rif. Eisklettern kann man u. a. im Gasteiner Tal, in der Strubklamm und in der Sigmund-Thun-Klamm. Der *Heilbronner Rundwanderweg* ist ein einzigartiger Karstlehrpfad mit 18 Stationen. Ausgangspunkt ist der Krippenstein, zu erreichen mit der Dachsteinbahn Obertraun.

WILDWASSERSPORT

Rafting auf der Lammer, auf der Salzach, der Saalach, der Enns und der Mur gibt es sowohl für Familien als auch für abenteuerlustige Fortgeschrittene. Für den ultimativen Kick sorgen Canyoning und Hydrospeed, wenn man, geschützt durch Helm und Neoprenanzug, im Sprühregen eines Wasserfalls über eine glitschige Rinne in ein Wasserbecken saust oder sich mit Hilfe eines Schwimmkörpers einem reißenden Gewässer anvertraut, mit den Beinen steuert und hofft, dass alles gut geht. Konzessionierte Führer garantieren die Einhaltung der Sicherheitsstandards, Verordnungen und Naturschutzgesetze. Erfahrung und Kondition sollten die Teilnehmer realistisch einschätzen. Infos und Ausrüstung:

Adventure Service Oberlader-Lundberg OEG, Zell am See, Steinergasse 9, Tel. 06542/735 25, Fax 742 80, www.zellamsee.at/adventure

Sportschule Geisler, Saalfelden, Almer Str. 19, Tel./Fax 06582/749 26, www.members.magnet.at/sport.geisler

Motion Center, Lofer, Tel. 06588/75 24, Fax 75 07, www.motion.co.at

Lungauer Kajakschule-Samsonsport, Tamsweg, Schießstattstr. 248, Tel. 06474/80 23, Fax 71 35, samsons@ping.at

Die etwas andere Bootstour: Rafting

nicht gehaftet

Spaß und Action den ganzen Tag

Das Angebot für Kinder wächst ständig – weil die Kleinen keine halben Portionen sind

Mit ihren Bergen, Bächen, Seen, Wäldern und Wiesen sind das Salzburger Land und das Salzkammergut schon von Natur aus riesige Abenteuerspielplätze. Dazu gibt es ein großes Angebot an Bauernhöfen, auf denen Kinder Kontakt zu Tieren finden und sehen können, wie landwirtschaftliche Produkte hergestellt werden. Dabei zu sein, wenn ein junges Kalb gefüttert wird, im Heu herumzutollen, oder zu sehen, dass Kartoffeln nicht auf dem Baum wachsen – all das kann zu unvergesslichen Kindheitserlebnissen werden. In den meisten Orten und Regionen gibt es eine Fülle kindgerechter Freizeitangebote. Kindermanager in Familien und Kinderhotels *(www.kinderhotels.at)* gehören ebenso dazu wie geführte Tagesprogramme für Kinder. Kinder bis zu 6 Jahren können zu fast allen Sehenswürdigkeiten gratis mitgenommen werden, Kinder bis zu 14 Jahren zahlen stark ermäßigte Eintrittspreise. Ähnliches gilt für Seilbahnen und Liftanlagen, und Skikindergärten sind fast überall vorhanden.

In Filzmoos lernen schon die Kleinen, wo das Glück der Erde liegt

STADT SALZBURG

Marionettentheater **[U C3]**
Vielleicht wird es der erste Theaterbesuch überhaupt, vielleicht verliebt man sich in den Papageno einer Zauberflöten-Aufführung, und daraus wird dann eine lebenslange Liebe zum Theater ... wer weiß? Die kunstvoll gestalteten Figuren und ihre lebensnahen Bewegungen verzaubern immer wieder aufs Neue. *Eintritt Kinder 14 Euro, Erw. 18–35 Euro, Schwarzstr. 24, www.salzburg.com/marionettentheater*

Spielzeugmuseum **[U B4]** Insider Tipp
In Österreichs größter Sammlung zur Geschichte des europäischen Spielzeugs der vergangenen 250 Jahre geht nicht nur Kindern das Herz auf. Jeden Di, Mi und 1. Fr im Monat um 15 Uhr kommt das Museumskasperl. *Tgl. 9–17 Uhr, Eintritt Kinder/Jugendl. (6–19 J.) 0,72 Euro, Erw. 2,54 Euro, Familienkarte 5,08 Euro, Bürgerspitalgasse 2*

FLACHGAU

Joseph-Mohr-Haus in Hintersee **[115 F4]**
In diesem Haus lebte Joseph Mohr, der Textdichter des Liedes »Stille

Nacht, heilige Nacht«, 10 Jahre lang als Priester. Heute werden hier über 45 reich ausgestattete Puppenstuben sowie Spielsachen, Puppen und Teddybären ausgestellt. *Dez. bis Okt. Mi–Mo 12–17 Uhr, Eintritt Kinder 1,10 Euro, Erw. 2,20 Euro*

Seeham **[115 E1]**
Der quirlige Badeort am Obertrumersee lädt zur Piratenschifffahrt und zu Kochnachmittagen, aber auch zum Bogenschießen und Sackhüpfen ein. *Tourismusverband Seeham, Dorf 5, Tel. 06217/54 93, Fax 64 82, www.salzburgerland.com/seeham*

SALZKAMMERGUT

Kinderland Schindlbach **[117 E2]**
Ein Märchenwald und ein Sagenwanderweg führen zu Feen und Berggeistern. Wer es lieber rasant mag, kann im Freizeitparadies in Elektroautos und -booten sowie auf einer Gokartbahn »Gas geben«. Die Speisekarte im *Gasthaus Schindlbachgut* ist speziell auf Kinderwünsche ausgerichtet. *Grünau im Almtal 92, Juli–Mitte Sept. tgl. 10 bis 18 Uhr, Mai/Juni und Mitte Sept. bis Okt. Sa, So und feiertags 10 bis 18 Uhr, Eintritt Märchenwald Kinder 1,60 Euro, Erw. 2,50 Euro, Jetons für den Freizeitpark 1,10 Euro (10 Jetons 9 Euro), www.kinderland-schindlbach.at*

Insider Tipp
Kinderweltmuseum Schloss Walchen **[116 C1]**
Eine Ausstellung zeigt das Leben der Kinder von der Biedermeierzeit bis heute, untergliedert in verschiedene Themenkreise wie Geburt, Erziehung oder Wohnen. Ein Lachkabinett, ein Irrgarten, ein Haustierpark, ein Kräuterpfad und viele andere Attraktionen ergänzen das Programm. Die Anreise ist mit dem Kinderzug von Vöcklamarkt oder St. Georgen am Attersee möglich. *Mai–Sept. tgl. 10–17 Uhr, Eintritt Kinder 3 Euro, Erw. 4,50 Euro, www.kinderweltmuseum.at*

TENNENGAU UND PONGAU

»Alpenfloh«-Trekking im Großarltal **[121 D–E 3–4]**
Für wanderbegeisterte Familien: eine Dreitageswanderung von Hütte zu Hütte mit Bus- und Taxitransfers. Die »Mini«-Variante (tgl. Gehzeit 2–3 Std.) eignet sich für Kinder ab 4 Jahren, die »Maxi«-Variante für Kinder ab 6 bzw. 8 Jahren (tgl. 3–4 Std.). *Tourismusverband Großarltal, Großarl 90, Tel. 06414/281, Fax 81 93, www.grossarltal.co.at*

St. Johann **[121 D2]**
In diesem Alpendorf, in der Nähe der Heimat von Skistar Hermann Maier, wartet ein Schnauferlzug auf die Kleinen. Außerdem gibt es eine Kletterwand für die ganz Mutigen, einen Streichelzoo und einen Funpark. *Tourismusverband St. Johann Alpendorf, Tel. 06412/60 36, www.sanktjohann.com*

LUNGAU

Erlebnisburg Mauterndorf **[123 D4]**
Die Erlebnisburg hat in den Monaten Juli und August spezielle Kindertage eingerichtet: *»Ritter Junior« (7–14 Jahre, Di und Do 10 Uhr)* und das *»Zwergerlsprogramm« (4 bis 6 Jahre, Mi 10 Uhr). Dauer der Veranstaltungen jeweils 3 Std., Eintritt 7,25 Euro, www.lungau.at*

Seekirchen: Entdeckungsreise am Ufer des Wallersees

Hochgebirgsführung bei St. Margarethen [123 D5]

Oberhalb von St. Margarethen können Kinder Fütterungen im Wildgehege miterleben, bevor eine Führung in die Wasserwelt des Hochgebirges beginnt. Badezeug nicht vergessen! *Tourismusbüro St. Margarethen, Tel. 06476/812*

PINZGAU

»Bengelbande« im Nationalpark Hohe Tauern

In den Gemeinden *Uttendorf* [119 D3], *Bramberg* [118 C3], *Neukirchen* [118 B4] und *Krimml* [118 B4] gibt's unter dem Motto »Bengelbande« ein vielfältiges Programm für Kinder zwischen 5 und 13 Jahren unter pädagogischer Leitung: Juli/August, Tagesprogramm 10–16 Uhr mit Leckerschmecker-Jause, »Bengelbande«-Button und einer Urkunde. *Preis pro Kind und Veranstaltung 6 Euro, Tel. 0676/661 80 02, www.bengelbande.at*

Kinderspaß in Leogang [114 A2]

Ein Kindermanager gestaltet wöchentlich ein unterhaltsames Kinder- und Familienprogramm mit Kasperltheater, Ponyreiten, Spielen im Funpark und Kinderdisko. Mit der persönlichen Leo Junior Card kann jedes Kind an allen Veranstaltungen teilnehmen. *Saalfelden Leogang Touristik, Bahnhofstr. 10, Saalfelden, Tel. 06582/706 60, Fax 753 98, www.leogang-saalfelden.at*

Piesendorfer Kinderparadies [113 E–F4]

Jeden Mi ab 10 Uhr gibt es hier Entdeckungsfahrten unter dem Motto »Asterix und Obelix im Reich der Indianer« mit Floßfahrten, Wasserschlachten, Lagerfeuer und Zaubertrank. Jeden Di ist in Piesendorf außerdem *Fun Park Day* mit Kletterwand, Streethockey, Beachvolleyball oder Hinkelstein-Bad. *Fremdenverkehrsverband Piesendorf, Tel. 06549/72 39, Fax 82 21, www.piesendorf.at*

Angesagt!

Was Sie wissen sollten über Trends, die Szene und Kuriositäten im Salzburger Land

Ranggeln

Jedes Jahr im Juli am Jakobitag, wenn sich kurz nach Sonnenaufgang Tausende von Menschen auf den Weg zum Hundstein im Pinzgau machen, ist es soweit: Es wird wieder »geranggelt«, also gerungen. Früher wurden auf diese Art Grenzstreitigkeiten ausgetragen. Wer siegte, war der »Hagmoar« und konnte sich das strittige Stück Weideland aneignen. Heute zählt der Titel mehr als ein Sieg bei der Judo-Staatsmeisterschaft.

Ausseer Kirtag

Aus dem Bierfest der freiwilligen Feuerwehr ist ein mehrtägiges Fest am ersten Septemberwochenende geworden. So, wie das alte Bierzelt aus den Nähten platzt, kann das schon auch bei der einen oder anderen Lederhose der Fall sein. Wer herausgefunden hat, wann und mit welcher Kleidung – wobei Tracht Pflicht ist – am ehesten Einlass gewährt wird, ist fast schon ein Insider.

Grooven im Schnee

Nichts Ungewöhnliches, seit *SnowJazzGastein (www.jazzgastein.com),* das mehrtägige Jazzspektakel, angesagt ist. Im Februar oder März kommen dafür Stars und Jazzlegenden ins längste Tal der Hohen Tauern wie einst die gekrönten und ungekrönten Häupter zum Kuren. *Jazz im Sägewerk (www.jazz-im-saegewerk.org)* ist für die musikbegeisterten Gasteiner ein hipper Veranstaltungsort in Bad Hofgastein.

Querschläger

Die Band dieses Namens aus dem Lungau lässt alte Sagenfiguren in bluesigen Balladen aufleben und geht inhaltlich wie formal auf Konfrontationskurs mit überkommenen Denkmustern. Mittlerweile ist ihr fünftes Album erschienen, und für die Lungauer ist die Gruppe längst nicht mehr wegzudenken.

Johannisfeuer

Wenn an schönen Tagen zur Zeit der Sommersonnenwende auf den Bergspitzen nach Einbruch der Dunkelheit die Feuer zu lodern beginnen, dann ist das Schleppen von Holz und Proviant erledigt, und das Feiern der längsten Nacht des Jahres hat begonnen. Hier im Kreis von Einheimischen dabei sein zu dürfen, kommt einer Auszeichnung gleich.

Von Anreise bis Zoll

Hier finden Sie kurz gefasst die wichtigsten Adressen und Informationen für Ihre Reise ins Salzburger Land

ANREISE

Flugzeug

Tägliche Verbindungen mit Salzburg bieten Tyrolean Airways (in Kooperation mit Austrian Airlines) von Düsseldorf und Frankfurt/M. sowie Swiss von Zürich. Die Flugzeit von Frankfurt/M. nach Salzburg beträgt rund eine Stunde. Hin- und Rückflug ab Frankfurt kosten rund 600 Euro, Wochenendtarife gibt es schon ab 240 Euro (jeweils ohne Flughafengebühren).

Flughafen Salzburg. Tel. 0662/858 00, www.salzburg-airport.com

Bahn

Salzburg liegt am Kreuzungspunkt zweier wichtiger Bahnlinien (Ost-West bzw. Nord-Süd), auf denen sowohl Eurocity- als auch Intercity-Züge verkehren. Das Salzkammergut ist von Passau über Wels (ICE-Haltepunkt) zu erreichen. Täglich fährt ein ICE zwischen Wien und Innsbruck mit Halt in Salzburg.

Zentrale Zugauskunft: Tel. 05 17 17 (24 Std.), www.oebb.at

Auto

Salzburg ist von München aus am besten über die Autobahn A 8 zu erreichen. Für die Benutzung der österreichischen Autobahnen ist eine Vignette erforderlich, die möglichst schon vor der Abreise gekauft werden sollte *(Jahresvignette 72,50 Euro, für 2 Monate 22 Euro, für 10 Tage 7,50 Euro)*. Von Salzburg führt die Tauernautobahn in den Süden. Gesonderte Mautpflicht besteht für die Großglockner- und die Felbertauernstraße. Eine gut ausgebaute Bundesstraße verbindet die Stadt Salzburg mit dem Salzkammergut.

AUSKUNFT

Österreich Werbung

– Postfach 70 15 80, 81315 München, Tel. 089/66 67 01 00, Fax 66 67 02 00
– Postfach, 8036 Zürich, Tel. 01/451 15 51, Fax 451 11 80
– www.austria-tourism.at

SalzburgerLand Tourismus GmbH

Postfach 1, 5300 Hallwang, Tel. 0662/668 80, Fax 66 88 66, www.salzburgerland.com

Tourismus Salzburg GmbH

Auerspergstr. 7, 5020 Salzburg, Tel. 0662/88 98 70, Fax 889 87 32, www.salzburginfo.or.at

Ferienregion Salzkammergut

Wirerstraße 10, 4820 Bad Ischl, Tel. 06132/26 90 90, Fax 269 09 14, www.salzkammergut.at

AUTO

Tempolimit in Österreich: auf Autobahnen 130, auf Bundesstraßen 100 km/h. Promillegrenze: 0,5.
– SAMTC Pannenhilfe Tel. 120
– ÖAMTC Euro-Notruf Tel. 01/251 20 00, www.oeamtc.at
– ARBÖ Pannenhilfe Tel. 123, Reisenotruf Tel. 01/895 60 60, Euro-Notruf Tel. 112, www.arboe.at

DIPLOMATISCHE VERTRETUNGEN

Deutsches Honorarkonsulat
Bürgerspitalplatz 1, 5020 Salzburg, Tel. 0662/841 59 10, Fax 84 15 91 85, Mo–Fr 9–12 Uhr

Schweizer Konsularagentur
Alpenstraße 85, 5033 Salzburg, Tel. 0662/62 25 30, Fax 62 35 81 30, Mo–Do 9–12, 14–16, Fr 8–12 Uhr

EINREISE

Der Personalausweis genügt, für Kinder unter 16 Jahren ist ein Eintrag im Pass der Eltern ausreichend.

FERIEN AUF DEM BAUERNHOF & CAMPING

– Bundesverband Urlaub auf dem Bauernhof, Gabelsberger Str. 19, 5020 Salzburg, Tel. 0662/88 02 02, Fax 88 02 03
– Österreichischer Camping-Club (ÖCC, Schubertring 1–3, 1010 Wien, Tel. 01/711 99 27 51, Fax 71 99 27 54, campingclub@oeamtc.at

GESUNDHEIT

Besorgen Sie sich einen internationalen Auslandskrankenschein. Sollte ein Arzt ihn nicht akzeptieren, müssen Sie die Behandlung erst einmal bar bezahlen.

INTERNET

Neben den Websites der in der Rubrik »Auskunft« genannten Adressen bietet auch die Seite *www.salzburg.com/tourismus* der »Salzburger Nachrichten« ausführliche touristische Informationen. In die Welt der Festspiele führen die Seiten *www.mozartfestival.at* und *www.salzburgfestival.at,* die Homepage der Salzburger Festspiele. Unter *www.tiscover.com* finden Sie ein detailliertes Salzburg-Angebot.

INTERNETCAFÉS

Salzburg: *Internetcafé im City Center am Hauptbahnhof, Tel. 0662/43 64 61, www.play-maxx.com; Cybar, Mozartplatz 5, Tel. 0662/84 48 22, www.cybar.at*
Altaussee: *Bäckerei Maislinger, Altaussee 22, Tel. 03622/717 39, www.service24.at*
Wagrain: *Apartmenthaus Kristall, Haid 39 am Kirchboden, Tel. 06413/833 33 33 00, www.hauskristall.com*
Obertauern: *Internetcafé im Hotel Solaria, Obertauern 86, Tel. 06456/72 50, www.netzcafe.at*
Zell am See: *Internetcafé Estl, Bahnhofstr. 1, Tel. 06542/471 03, www.zellamsee.at*

LITERATURTIPPS

Einen Fotoband, der nicht alltägliche Perspektiven der Stadt zeigt, hat Clemens M. Hutter mit »Salzburg – ein Glücksfall« herausgebracht. Alfred Komareks Buch »Salzkammergut. Reise durch ein unbekanntes Land« ist feines Feuilleton. Wer an historischen Romanen interessiert ist, kommt an Georg Rendls Trilogie »Die Glasbläser von Bürmoos« nicht vorbei. In Innen- wie Außenwelten zugleich führen die »Salzburger Literatouren« der Edition Eizenbergerhof.

Was kostet wie viel?

Kaffee	**2,95 Euro** für einen Großen Braunen
Bier	**3 Euro** für ein Krügerl (0,5 l)
Wein	**1,30–3,30 Euro** für ein Glas (0,125 l)
Mozartkugel	**0,72 Euro** für eine Kugel
Benzin	**0,83 Euro** für 1 l Normalbenzin
Busfahrt	**1,75 Euro** für eine Fahrt in Salzburg

NOTRUF

Feuerwehr Tel. 122
Polizei Tel. 133
Rettungsdienst Tel. 144
Ärztenotdienst Tel. 141

POST

Das Porto für Standardsendungen (bis 20 g) beträgt EU-weit 51 Cent, weltweit 1,09 Euro.

SALZBURG-CARD

Die *Salzburg-Card* gewährt freien Eintritt in Museen, Schlösser etc.,

Vergünstigungen bei kulturellen Veranstaltungen, Stadtrundfahrten und freie Benutzung öffentlicher Verkehrsmittel *(24 Std./18 Euro, 48 Std./26 Euro, 72 Std./32 Euro, Kinder die Hälfte; erhältlich bei der Tourismus Salzburg GmbH)*. Mit der *Salzburg Plus-Card (Tageskarte 94 Euro)* können Hotel und Essen mitgebucht werden. Die *Salzburg Family-Card (je nach Saison pro Person 70–154 Euro, www.salzburginfo.at/family)* beinhaltet u. a. die Unterkunft in einem der ausgesuchten Stadthotels (bis zu 2 Kinder im Zimmer der Eltern gratis).

Auch die *Salzburger SommerJoker-Card* bietet zahlreiche Ermäßigungen. Viele Orte und Regionen bieten eigene Gästekarten an. *Mitte Mai–Ende Okt., max. 16 Tage gültig, Erw. 40 Euro, Kinder 20 Euro, ab dem dritten Kind bis 14 Jahre und für Kinder unter 6 Jahren gratis; erhältlich bei den Tourismusverbänden, in vielen Raiffeisenbanken und Hotels, www.sommerjoker.com*

TELEFON & HANDY

Österreich hat ein sehr dichtes Mobiltelefonnetz mit derzeit vier Anbietern. Es empfiehlt sich, rechtzeitig zu prüfen, welche Anbieter mit welchen österreichischen kooperieren, um die günstigste Variante zu wählen. Bei Ferngesprächen entfällt die 0 der Ortsvorwahl. Vorwahl Deutschland: 0049, Schweiz: 0041, Österreich: 0043

ZOLL

Innerhalb der EU dürfen Sie Waren zum persönlichen Gebrauch frei ein- und ausführen, z. B. bis zu 800 Zigaretten, 400 Zigarillos, 200 Zigarren, 1 kg Tabak, 10 l Spirituosen, 20 l Likör, 90 l Wein (davon max. 60 l Schaumwein) und 110 l Bier. Für Reisende aus Nicht-EU-Ländern gelten knappere Grenzen: 200 Zigaretten oder 50 Zigarren oder 250 g Tabak, 1 l Spirituosen, 2 l Bier, Wein oder Schaumwein.

Wetter in Salzburg

	Jan.	Feb.	März	April	Mai	Juni	Juli	Aug.	Sept.	Okt.	Nov.	Dez.
Tagestemperaturen in °C	2	4	10	14	19	22	24	23	20	14	8	3
Nachttemperaturen in °C	-6	-5	-1	4	8	11	13	13	10	4	0	-4
Sonnenschein Std./Tag	2	3	5	6	7	7	7	7	6	5	2	2
Niederschlag Tage/Monat	12	11	10	13	14	15	15	14	12	10	10	11

Reiseatlas Salzburger Land

Die Seiteneinteilung für den Reiseatlas finden Sie auf dem hinteren Umschlag dieses Reiseführers

Kartenlegende Reiseatlas

Autobahn mit Anschlussstelle - Mautstelle	Horb 14	Motorway with junction - Toll
Autobahn in Bau - geplant	Datum/Date	Motorway under construction - projected
Tankstelle - Rasthaus - mit Motel	La Macchia	Filling station - Restaurant - with motel
Vierspurige Straße - in Bau		Road with four lanes - under construction
National- oder Staatsstraße - in Bau		Trunk road - under construction
Wichtige Hauptstraße - in Bau		Important main road - under construction
Hauptstraße - Nebenstraße		Main road - Secondary road
Fahrweg - Fußweg		Practicable road - Foothpath
Passstraße mit Wintersperre - Steigung	X-IV 10%	Mountain pass closed in winter - Gradient
Für Wohnwagen nicht empfehlenswert - gesperrt		Not suitable for caravans - closed
Gebührenpflichtige Straße - Für Kfz gesperrt		Toll road - Road closed for motor traffic
Hauptbahn mit Bahnhof - Nebenbahn		Main railway with station - Other railway
Eisenbahn (Güterverkehr) - Autoverladung		Railway (freight haulage) - Railway ferry for cars
Zahnradbahn - Seilbahn - Sessellift		Rack-railway - Cable lift - Chair lift
Autofähre - Schifffahrtslinie		Car ferry - Shipping route
Flughafen - Regionalflughafen - - Flugplatz - Segelflugplatz		Airport - Regional airport - - Airfield - Gliding field
Besonders sehenswerter Ort	LISBOA	Place of particular interest
Besondere Natursehenswürdigkeit	Grotta d. Vento	Natural object of particular interest
Sonstige Sehenswürdigkeit	Cittadella	Other objects of interest
Landschaftlich schöne Strecke		Scenic road
Touristenstraße	Route des Grandes Alpes	Tourist route
Nationalpark, Naturpark - Aussichtspunkt		National park, nature park - Viewpoint
Botanischer Garten, sehenswerter Park - - Zoologischer Garten		Botanical gardens, interesting park - - Zoological garden
Burg, Schloss für Besucher zugänglich - Ruine		Castle open to public - Ruin
Sonstige Burg, Schloss - Kirche - Kloster - Ruinen		Other castle - Church - Monastery - Ruins
Turm - Funk- oder Fernsehturm		Tower - Radio- or TV tower
Denkmal - Leuchtturm		Monument - Lighthouse
Golfplatz - Jachthafen		Golf-course - Marina
Hotel, Motel, Gasthaus - Berghütte - Feriendorf		hotel, motel, inn - Mountain hut - Tourist colony
Campingplatz - Jugendherberge		Camping - Youth hostel
Strandbad - Schwimmbad - Heilbad		Bathing place - Swimming pool - Spa
Staatsgrenze		State boundary
Grenzkontrollstelle international - - mit Beschränkung		International check-point - - Check-point with restrictions
Verwaltungsgrenze - Sperrgebiet		Administrative boundary - Restricted area
Ausflüge & Touren		Excursions & tours

A
B
C
1
2
5
6
TROSTBERG
Altenmarkt a. d. Alz
Stein a. d. Traun
Seeon
TRAUNREUT
Palling
Heiligkreuz
Oberbuch
Bergham
Kirchhm.
Törring
Tittmoning
Fridolfing
Götzing
Tachinger See
Tettenhsn.
Kirchanschöring
Lampoding
Waginger See
Waging a. See
Gaden
Otting
Pieding
Traunwalchen
Chieming
CHIEM-
SEE
Nußdorf
Wolkersdorf
Haslach
TRAUNSTEIN
Surberg
Neukirchen a. Teisenbg.
Teisendf.
Grabenstätt
Vachendorf
Siegsdorf
Bergen
Teisenberg
Eisenärzt
Maria Eck
Deutsche Ferienstraße Alpen-Ostsee
Inzell
Ruhpolding
Hochfelln
Hochgern
Marquartstein
Staudach-
Egerndach
Unterwossen
Oberwossen
Reit i. Winkl
Chiemgauer Alpen
Deutsche Alpenstraße
BAD REICHENHALL
Weißbach a. d. Alpenstr.
Schneizlreuth
Unterjettenbg.
Steinpass
Unken
Dürrnbachhorn
Sonntagshorn
DEUTSCHLAND
ÖSTERREICH
Salzburg
Tirol
Kniepass
Reiter Alpe
Gr. Häuselhorn
Lofer
Pass Strub
St. Martin b. Lofer
Waidring
Loferer Steinberge
Gr. Ochsenhorn
St. Ulrich a. Pillersee
Weißbach b. Lofer
Lamprechtsofenloch
Hocheisspitze
119
114

Hackenbuch
Moosdorf
Kerschham
Teichstätt
Heiligenstadt
Schneegattern
Höcken
Sauldorf
Dorfbeuern
Michaelbeuern
Babenham
Pfarrkirche
Friedburg
Untererb.
Kobernaußer Wald
Forstern
Oberösterreich
Salzburg
Ob.-Muhlham
Schwerting
Vorau
Palting
Astatt
Perwang
Lochen
Lengau
Utzweih
Watzlberg
Asten
Lauterbach
Mundenham
Graben-see
Berndf. b. Salzb.
Moorbad
Mattsee
Tannberg
5 km
Lamprechtshsn.-Kirchendf.
Gebertsham
Gutferding
Straßwalchen
543
Himmelfahrtskirche
St. Alban
Reit
Fraham
Saulach
Tannberg
785
Salzburg
Hüttenedt
Steinbach
Seeham
Egelsee
Spanswag
Steindf.
Irrsdor
Irrsbg.
843
Oberhfn. a. Irrsee
Ndr.-Arnsdorf
Nußdf. a. Haunsbg.
Mattsee
Buchberg
801
Köstendf
Göming
Kemating
Obertrumer See
Schleedf.
Neumarkt a. Wallersee
Laiter
Oberndorf b. S.
400
Schorgstätt
Obertrum
Weng
Sighartstein
Wallersee-Zell
Neufahrn
154
Weitworth
Flachgau
Wildeneck
836
Mühlbach
Seekirchen
Seewalchen
Zeller See
Zell a. Moos
568
Haunsberg
Henndf. a. Wallersee
Barocks
Triebenb.
Acharting
Land
Gr. Pleicke
Kasten
Tiefgr.
Wallersee
1043
Kolomannsbg.
1114
Trainting
Ruckerstätten
Seekchn. a.W.
Zeller Ache
Salzach
156
Anthering
422
Mondsee
265
Surheim
Elixhsn.
Fischach
Eugendf.
Thalgau
560
274
Saaldorf
Hallwang
Straß
281
Salzburgkammergut
Salzburg Kasern
Lengfdn.
Wallersee
Unterdf.
E 60
E 55
Keuschen
Österr. Romantikstr.
Thalgau
Schwarzindien
Freilassing
S.-Söllheim
Salzbg.-Nord
Bergheim
Heuberg
899
Salzburg Ring
Plainfeld
Hof b.Salzburg
St. Lorenz
Maria Plain
288
Wartenfels
1329
291
S.-Kleßheim
292
Salzbg. Mitte
158
Unt.-Koppl
Schl. Fuschl
Fuschlsee
Drachenwand
GNIGL
Koppl
Baderluck
Schober
Schl. Kleßhm.
293
Gaisberg
1288
13 %
Fuschl a. See
Feldkchn.
Saalach
MAXGLAN
A1
Kas./Flugh.
Ebenau
Brunn
Ellmau
296
Flughfn.
SALZBURG
Hohensalzburg
Faistenau
297
Salzbg.
LEOPOLDSKRON
Tiefbrunau
St. Gilgen
Strubklamm
Stausee
Gois
S-West
Kendler
Ramsau
Zwölferhorn
Viehsn
MORZG
Moorbad
Vordersee
Glasenbach
Schwarzenberg
Zwölferhorn-H.
Schwarzbach
Knoten Salzburg
Schl. Hellbrunn
Elsbethen
Erentrudis-A.
1334
Ochsenberg
1483
Schafbachalm
Walserberg
150
Anif
Wiestalstausee
Hintersee
Zwölf
Marzoll
Glanegg
E 55
Haslach
St. Jakob a. Thurn
Eibleckalm
Grünalm
1569
Oberasch
Hintersee
784
Weißbach
S-Süd
Niederalm
Eberstein
779
Grödig
Puch b. H.
A10
Almbach
Wieserhörndl
Spielbergalm
Wegscheid
Geiereck
Untersberg-bahn
12 %
Krispl
Großgmain
Zeppezauer-Hs.
Salzb.-Hochthron
1853
160
159
Gaißaubachl
Hörmannsreit
Königsberg
Karls Eishöhle
Kahlsperg
Marmorwerk
1621
Schellenberger Eishöhle
Oberalm
Mörtlbach
13 %
Lammerbach
Schatzl.
Unters-berg
Stöhr-Hs.
1972
Markt Schellenbg.
16
Hallein
Adnet
Halleiner H.
Zistelberg-A
Ladenbergalm
Berchtesgadener Hochthron
10 %
305
Burgfried
Waidach
Schmittenstein
1696
Storchen-H.
Gruberhorn
1734
Deutsche Alpenstraße
HALLEIN
St. Margarethen
Hennerhöhle
Taugelbach
Jägerwirt
Bischofswiesen
Winkl
Be.-Maria Gern
Kochsalzquelle
Salzbergw.
Dürrnberg
Vigaun
Sommerau
Feuchter Keller
Wallf.-K. Etzerschloss
Au
Halleiner Salzbergbahn
St. Koloman
Hochwieskopf
1754
Loipl
22
Kuchl
Jadorf
15 %
Unterwand
Salzbergwerk
319
30
Auer-H.
Toter Mann
1392
Be.-Stanggaß
Berchtesgaden
Obersalzberg
E 55
Kuchl
Wegscheid
Seewaldsee
Bi.-Strub
Be.-Mitterbach
Seebach
Tennengau
1837
1692
Purtscheller Hs.
Gasteig
Golling a. d. S.
Scheffau a.d.L.
Lammeröfen
Vogel
Obersalzbergbahn
Kehlstein-Hs.
Schönau a. Königsee
Alpeltal-H
Kehlstein
2523
Gollinger Wasserfall
Golling
28
162
Pichl
Königsbachalm
Sch.-Königssee
Dürreck-Str.
Hoher Göll
Salzachöfen
Pass Lueg
573
Roßbg.
Rocher-A.
Jenner-Hs.
Carl v. Stahl-Hs.
Torrener Bach
Abtenau
Burghart
Watzmann-Hs.
Kührointalm
1420
Jenner
Schneibstein
Bluntautal
47
Bergler H.
St. Schatzl-H.
Wimbachschloss
Hocheck-H.
2307
Schneibstein-Hs.
2277
Frauenofenhöhlen
Schneeloch
Roßberg-H.
Mittelsp.
2713
Watzmann
Gotzentalalm
Angeralm
Wieselstein
2300
Scheibling Kopf
2290
Gr. Breitstein
2163
Hagengebirge
Königssee
Bayern
Salzburg
Tristkopf
2110
Pass Lueg
Hochkgl.
2282
Tennengebirge
Bleikgl.
2412
St. Bartholomä
605
Gotzenalm
Schenkofen
2351
Kahlersbg.
Leop. Happisch-Hs.
Dr.-Friedrich-Oedl-Hs.
Berchtesgaden
Hochwies
2189
Salletalm
Obersee
Fischunkelalm
Rifflkopf
2254
Eisriesenwelt
Eiskogel
2321
Halsköpfl
1719
620
Pitzkol
Tenneck
Grünsee
Karlinger-Hs
Funtensee
Gr. Teufelshorn
Schl. Blühnbach
Feste Hohenwerfen
Fromm
1531
Dr. Heinr.-Hackel

121

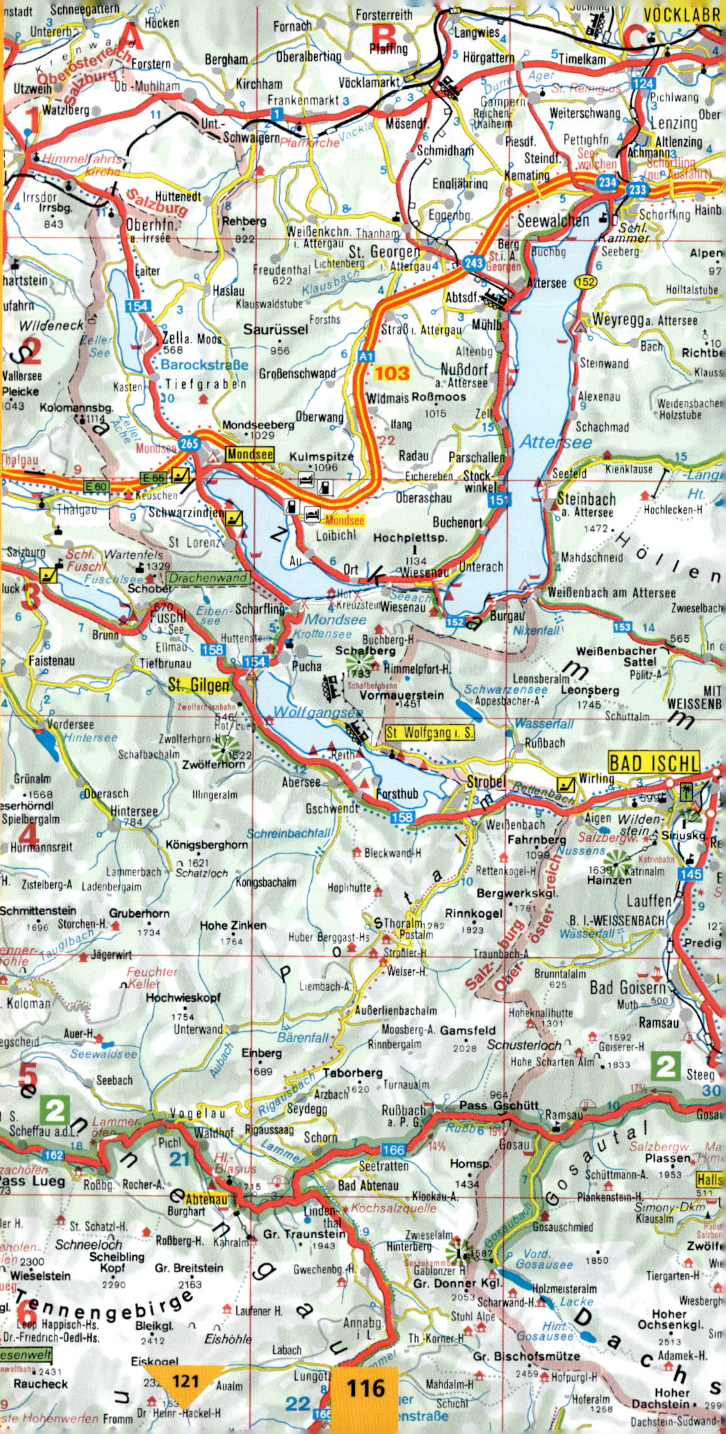
VÖCKLABR
A
B
C
Salzburg
Oberösterreich
Forsterreith
Langwies
Hörgattern
Timelkam
Vöcklamarkt
Frankenmarkt
Pfaffing
Fornach
Bergham
Oberalberting
Kirchham
Straßwalchen
Irrsdorf
Himmelfahrtskirche
Oberhofen a. Irrsee
Rehberg
Weißenkirchen i. Attergau
St. Georgen i. Attergau
Thalham
Seewalchen
Schörfling
Kammer
Lenzing
Attersee
Weyregg a. Attersee
Steinwand
Alexenau
Schachmad
Nußdorf a. Attersee
Abtsdorf
Saurüssel
Großenschwand
Zell a. Moos
Barockstraße
Tiefgraben
Zeller See
Wildeneck
Kolomannsberg
Mondseeberg
Oberwang
Kulmspitze
Mondsee
Thalgau
Schwarzindien
St. Lorenz
Loibichl
Hochplettsp.
Oberaschau
Buchenort
Unterach
Steinbach a. Attersee
Seefeld
Höllengebirge
Weißenbach am Attersee
Zwieselbach
Fuschl a. See
Fuschlsee
Drachenwand
Schober
Scharfling
Eibensee
Krottensee
Wiesenau
Burgau
Nixenfall
Schafberg
Himmelpfort-H.
Vormauerstein
Schwarzensee
Leonsberg
Weißenbacher Sattel
St. Gilgen
Wolfgangsee
St. Wolfgang i. S.
Rußbach
Strobl
Abersee
Gschwendt
Zwölferhorn
Faistenau
Hintersee
BAD ISCHL
Wirling
Weißenbach
Fahrnberg
Katrinalm
Hainzen
Lauffen
Königsberghorn
Schatzloch
Bleckwand-H.
Rettenkogel-H.
Bergwerkskgl.
Rinnkogel
Postalm
Hohe Zinken
Gruberhorn
Schmittenstein
Jägerwirt
Feuchter Keller
Hochwieskopf
Unterwand
Bärenfall
Außerlienbachalm
Moosberg-A.
Gamsfeld
Schusterloch
Bad Goisern
Ramsau
Steeg
Einberg
Taborberg
Seydegg
Rußbach a. P. G.
Pass Gschütt
Gosau
Gosautal
Vogelau
Waldhof
Rigaussaag
Schorn
Seetratten
Bad Abtenau
Hornsp.
Pass Lueg
Scheffau a.d.L.
Abtenau
Gr. Traunstein
Kochsalzquelle
Zwieselalm
Gablonzer H.
Gr. Donner Kgl.
Holzmeisteralm
Vord. Gosausee
Hint. Gosausee
Schneeloch
Scheibling Kopf
Wieselstein
Gr. Breitstein
Tennengebirge
Laufener H.
Eishöhle
Bleikgl.
Eiskogel
Raucheck
Dr.-Friedrich-Oedl-Hs.
Leop. Happisch-Hs.
Annabg. i. L.
Lungötz
Dachstein
Hoher Dachstein
Gr. Bischofsmütze
Hofpürgl-H.
Adamek-H.
Hoher Ochsenkgl.
Plassen
Simony-Dkm.
Salzburg
Oberösterreich

121

D
E
F
Deutenham
Steyrermühl
Lindach
Eichham
Gundendf.
Wasserbub
Wartberg a. d. Kr.
Wankham
Laakirchen
Kirchham
Egenstein
Pfaffing
Zum hl. Benedikt
Pettenbach
Aurachkchn.
Ohlsdorf
Forstern
Sautern
Etzelsdf.
5 km
Rittham
Ehrendf.
Kleinreith
Oberweis
Krottendf.
Edlbach
Rankleithen
Magdalenabg.
Inzersdorf
Inzersdf.
Regau
Schl. Cumberland
Gschwandt
Viechtwang
Österreich. Romantikstr.
Krems
Pinsdf.
Kranichsteg
Schloss Neuscharnstein
Steinfdn.
Pernecker Kgl.
Lauterbach
GMUNDEN
St. Benedikt
Seeschloss Ort
St. Konrad
Mühldorf
Scharnstein
Eisenstr.
Ottsdf.
Altmünster
Landschloss Ort
Grünberg
Grünbergbahn
Hochriedel
1083
Schrattenau
Hochsalm
1405
Steinbach a. Z.
986
Ramsau
Traunstein
1691
Laudachsee
Redlmühl
Bei der Krems
Gmundner H.
Traunstein
1402
Zwillingskogel
Enzenbach-mühle
Weißenbach-A.
Micheldorf
Grünau i. A.
Traunsee
Mairalm-H.
1484
Kliensner-H.
Kremsmauer
Viechtau
Mitterndorf
Hochkogel
Vdr. Rinnbach
Rinnbach
Traunkirchen
Eisenau
Htr. Rinnbach
Rabenbrunn
Schindlbach
Keferreuth
Kreh
Karlbach
Farrenau-H.
Siegesbach
Erlakogel
1575
Gassel-Tropfsteinhöhle
Fischerau
Sepp-Huber-Kasberg H.
1747
Brunnental
Feuerkogelbahn
Langbath
Alm
Österreich. Romantikstr.
Kirchdorfer H.
Rindbach
Donnerstein-H.
Jagdschl. Auerbach
Ebensee
1598
Eibenberg
Steinberg-A.
1458
Steinberg
Habernau
Bernerau
Plankau
Roith
Fahrnau
Wolfsberg
1099
Gr. Ödsee
Kl.
Hasel
Eibenbergalm
Schwarzenbrunn
Almtaler Hs.
Offenseebach
Hetzau
Jagdschloss
Offensee
Almsee
Brombergalm
Traun
Petergupf
1646
Ndr.-Mittereckeralm
Seehaus
Vdr. Gimbachalm
Welser Hütte
Hohe Schrott
1839
Ebenseer Hochkogel-H.
1558
Rinnerkogel-H.
2012
Rinnerkgl.
Gr. Woising
2061
Gr. Priel
2523
Mitteralm
Eishöhle
Priel-Schutzhaus
Rotgschirr
2093
Schönberg
Wildensee
Totes Gebirge
Oberösterreich
Steiermark
Spitzmauer
2446
Schönalm
Pühringer-H.
2207
Rettenbachalm
Ischlerhütte
1369
Wildensee-H.
A. Appel-Hs.
Weißen
Henaralm
Elmberg
2128
Dietl-A.
Hint.
Lahngangsee
Vord.
Bräuningalm
Hebenkas
2284
Blaa-A.
Vordernbach-A.
Ramsau
Loser
1838
Loserhütte
Schulberg
1863
Kammersee
Baumschlage
Steinbg.
Sandling
Fischerndf.
Gößl
Ladner
Roth
Weiße Wand
2193
Altausseer See
Toplitzsee
Pflintsbg.
Altaussee
Grundlsee
Salzeralm
Gr. Tragl
2175
Sattl
Wienern
Brandwald
Salzabach
Puchen
1192
Tressenstein
Grundlsee
Schneckenalm
Odernalm
Steyrerseehaus
Leistalmhütte
992
Praunfalk
Archkogl
Auf der Au
Türkenkogel
1756
Lawinenstein
Schwarzensee
Pötschenhöhe
St. Paul
Anger
Teltschenalm
1664
Großsee
Steyrersee
Bad Aussee
Lopernalm
Tauplitz-Alm
1975
Unt.-Kainisch
Rötelstein
1610
Kochalmbauer
Hollhaus
Tauplitzhaus
Hoher Sarstein
Kainischtraun
Äußere Kainisch
Obersdf.
Krahstein
1512
Hechelstein
1717
Zinkenkgl.
1854
Spechtensee
Koppentretalm
Planeralm
Pichl b. Au.
Bad Mitterndf.
809
i. St. S.
Zauchen
Tauplitz
891
Ziem
Sarsteinhütte
Koppenbrüllerhöhle
Sillalm
Ödensee
Mühlreit
Plana
Schl. Fr.
Obertraun
Koppenwinkel-lacke
Skiflug-schanze
Pürgg
Dachstein-höhlen
Langmoos-A.
Grubegg
Mammut-höhle
Lahnfriedalm
Langmoos-A.
Kurmittel-H.
Winkl
Rieseneishöhle
Schreiberinalm
Hinterberg
Gr. Grimming
2351
Trautenfels
Dachsteinbahn
Klausalm
Salza-Stausee
Grimming-H.
Speikberg
2125
1720
Hochmühleck
Kruglerralm
Oberstuttern
Irdning
Krippenstein
Wiesalpe
Hochknall
1558
St. Martin a. Gr.
Enns
Altirdning
Am Stein
Napfenkgl.
2032
2052
Neubergalm
Gritschenbg.
Salza
Niederöblarn
Halter-H.
Brandalm
1390
Oberlengdf.
Pendleseck
1483
Grafenberger See
Brünner-H.
(1737)
2048
Stoderz
Mitterberg
Öblarn
679
Ahornsee
Friedenskirche
Gersdorf
123

Niederbreitenbach
Schwoich
Hintersteiner See
Scheffau a. Wilden Kaiser
Wochenbrunn
St. Johann i. Tirol
Oberlangkampfen
Bichlwang
B. Häring
Bocking
Stockach
Söll
Dorfleiten
Blaiken
Ralser
Hauning
Au-häusl
Ellmau
Wimm
Schwendt
Prama
Sperten
Going a. Wilden Kaiser
Oberndorf i. T.
Angath
Kirchbichl
Oberndf.
Bruggermühl
Söll-Leukental
Mühltal
Dengg
Knoll
Bromberg
Hartkaiser
1555
Wiesenschwang
Thal
WÖRGL
Schwendterdörfl
Itterdörfl
Schl. Itter
Hohe Salve
1827
Zinsberg
1674
Reith b. Kitzb.
Hallerndf.
Haslach
Lahnthal
Öd
Haus
Thennwirt
Brixen i. Thale
Lauterbach
Bockern
Spertendf.
Mühlau
Schmalzgrub
Hopfgarten i. Brixental
Haslau
Moosen
Feichten
Klausen
KITZBÜHEL
Kaps
Niederau
Oberau
Dorf
Achen
Engelsbg.
Bichling
Feuring
Kirchbg. i. Tirol
Brixenthaler Ache
Hahnenkamm
1655
Westendf.
Holzhamm
Alpenrose
1553
Rettenbach
Ehrenbachhöhe
1802
Kropfrader Joch
1497
Gruberbg.
Hörbrunn
Glantersberg
Kobinger H.
Hochbrunn
Steinbergkogel
Auffach
Windau
Brechhornhs
Grundau
Pengelstein
Jochberg
923
Schwarzenau
1920
Feldalpenhorn
Kelchsau
789
Rettenbach
2031
Brechhorn
Aschau
1014
Oberland-H
Zwieselbauer
Steinberg-Hs.
2030
Schwarzkogel
Schönangeralm
Lodron-H
1925
Lodron
Windauer Ache
Kelchsauer Ache
Grundache
Kurze Grundache
Wildschönauer Ache
Aschach
Moderstock
1017
Gerstinger Joch
2037
Rettensteinalm
Gr. Rettenstein
Kl. Trattenbachalm
2217
2362
Kündlalm
Gamskogel-H
1140
Wegscheid
Neue Bamberger H.
Erla-H
2287
Sonnenjoch
1759
Baumgartenalm
Resterhöhe
Pass
Kitzbüheler
1439
Tiefentalalm
2444
Kröndlhorn
Mühlbach
2469
Salzachgeier
1983
Salzachjoch
Wildkogel
2225
Mühlbach
Dorf
Bramberg a. W.
Bicheln
Hollersbach i. P.
Steineralm
Weyer
Wenns
Trattenbach
2315
Königsleitenspitze
Gerlospass
Mulleralm
Almdorf Königsleiten
1598
Rankenthal
Reitl
Wald i. P.
Neukirchen a. Gr.
Habach
1507
Rosenthal
Schönbach
Oberhof
Gerlos
1245
Nothdf.
Vorderkrimml
Gerlosstraße
Sulzau
Sulzbachfall
Wildalm
Breitkopf
2420
Speicher Durlaßboden
Gerlosplatte
2039
Krimml
Siggen
Plattenkogel
Gerlosstraße
Hinterkrimml
Krimmler Wasserfälle
Enzian-H.
Stockeralm
Alpenrose
Lacken-A.
2472
Hanger
Finkau-A.
Nationalpark
Wimmertaler A.
2633
Iss-A.
Wechselsp.
Berndlalm
1540
Seebach-S
Aschamalm
3050
Blessachkogel
Wildkarspitze
3073
Leiterkogel
2988
Neue Thüringer H.
Neue Fürther
Grundhutten
Zittauer-H.
2329
Gerlossee
Postalm
Venedig
Kratzenberg-see
H. Fürlegg
3244
Obersulzbach-H
1742
3291
Keeskogel
Rotkopf
2819
Reichensp.
3303
Krimmler Tauern-Hs
Krimmler Achental
Schlieferspitze
3289
Kürsinger-H
Neue Prager H
2796
Großvenediger
Alte Prager
In der Au
Barenbad
1450
Speicher Zillergründl
Richterhütte
2366
Plauener H
Windbach-A.
3666
Hohe
Gr. Magner
2874
Warnsdorfer H.
2334
Gr. Geiger
3360
2770
Löbben
ÖSTERREICH
Glockenkarkopf
2913
2669
Krimmler Tauern
2962
Defreggerhs
Mitterhütten
Heiliggeistjöchl
2658
2982
Vetta d' Italia
Birnlücke
2633
Rif. Tridentina
Birnlücker H.
Dreiherrnspitze
3499
Salzburg
Tirol
gruppe
Rauchkofel
3251
M. Fumo
Napfspitz
3193
F.lla di Campo
Fonte alla Róccia
Trinkstein
Roßhuf
3199
P.co dei Tre Signori
Johannishütte
Essener und Rostocker H.
2207
Eichham
3371
C.ma Cadini
Casere Kasern
Ahrnbach
18%
Rif. Giogo Lungo
Lenkjöchl-H.
Quirl
3251
Bonn-Matreier
Südtirol
1595
Canova Neuhaus
Predoi
Prettau
P.zo Rosso di Predoi
3495
Rötspitze
Clarahütte
2035
Stroden
1403
Hinterbichl
Bichl
Gumpachkreuz
Timmelbach
Wallhorn
Tau
S. Pietro
St. Peter
ITALIA
P.zo Cucchiaio
3132
Löffelspitze
Pebell-A.
Prägraten
St. Andrä
Welzelach
Gabelspitze
3071
Ahrntal
Daberbach
Umbaltal
Virgental
Rosenspitze
3060
Bergerseehütte
2223
M.ga dei Dossi
Knutten-Alm
1925
P.so di Gola
Klammljoch
Jagdhaus
2000
Lasörling
Dörferbach
Maurerbach
Obersulzbachtal
Untersulzbach
Habachtal
Hollersbach
Krimmler Ache
Wildgerlostal
Gerlos B.
Schönachbach
Wimmertal
Hundskehlb.
Lange Grund
Wildschönau
Trattenbachalm
Spertental
Aschauer Ache
Weißbach
Brixental
Kitzbüheler Alpen
Hohe Tauern
Inn
Osttirol

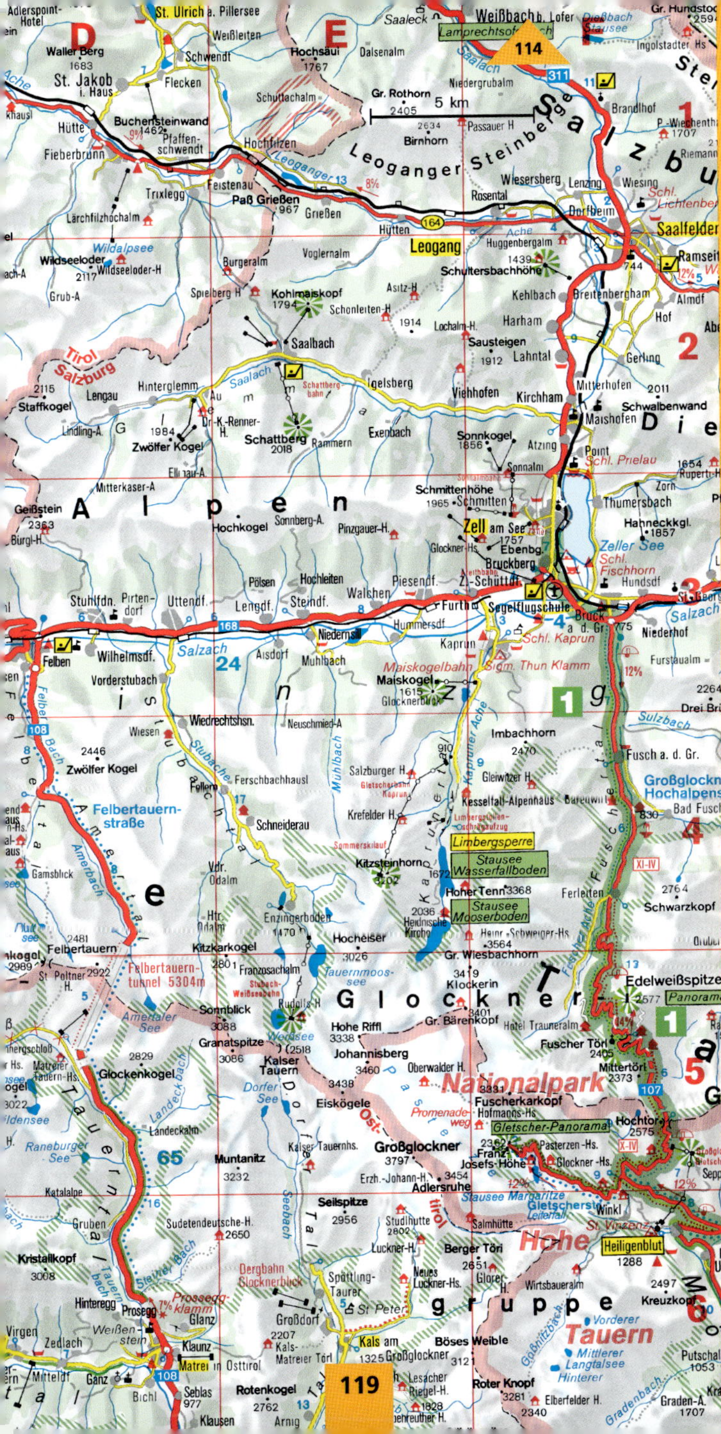
114
119
5 km
Leoganger Steinberge
Salzburg
Tirol
Salzburg
Alpen
Glockner
Hohe Tauern
Nationalpark Hohe Tauern
Großglockner-Hochalpenstraße
Felbertauernstraße
Felbertauern-tunnel 5304m
Adlerspoint-Hotel
St. Ulrich a. Pillersee
Weißleiten
Schwendt
Waller Berg
1683
St. Jakob i. Haus
Flecken
Hochsäul
1767
Dalsenalm
Saaleck
Weißbach b. Lofer
Lamprechtsofenloch
Dießbach Stausee
Gr. Hundstod
Ingolstädter Hs
Schüttachalm
Buchensteinwand
1462
Pfaffenschwendt
Hütte
Fieberbrunn
Hochfilzen
Gr. Rothorn
2405
Niedergrubalm
Saalach
2634
Passauer H
Birnhorn
Brandlhof
P.-Wiechenthaler-H.
1707
Riemann
Leogang
Leoganger Ache
Fieberbrunner Ache
8%
Trixlegg
Feistenau
Paß Grießen
967
Grießen
Wiesersberg
Lenzing
Wiesing
Schl. Lichtenberg
Rosental
Dorfheim
Saalfelden
Lärchfilzhochalm
Hütten
Huggenbergalm
Wildalpsee
Wildseeloder
2117
Wildseeloder-H
Voglernalm
Burgeralm
Schultersbachhöhe
1439
744
Ramseiden
12%
Grub-A
Spielberg H
Kohlmaiskopf
1794
Schönleiten-H
Asitz-H
1914
Lochalm-H.
Kehlbach
Breitenbergham
Harham
Almdorf
Hof
Saalbach
Sausteigen
1912
Lahntal
Gerling
Tirol
Salzburg
2115
Staffkogel
Lengau
Hinterglemm
Schattbergbahn
Igelsberg
Viehhofen
Kirchham
Mitterhofen
2011
Schwalbenwand
Lindling-A
1984
Dr.-K.-Renner-H.
Zwölfer Kogel
Schattberg
2018
Rammern
Exenbach
Sonnkogel
1856
Atzing
Maishofen
Point
Schl. Prielau
1654
Ruperti-H.
Ellmau-A
Mitterkaser-A
Schmittenhöhe
1965
Schmitten
Zorn
Thumersbach
Geißstein
2363
Hochkogel
Sonnberg-A.
Pinzgauer-H.
Zell am See
1757
Ebenbg.
Hahneckkgl.
1857
Zeller See
Burgl-H.
Glockner-Hs.
Bruckberg
Schl. Fischhorn
Pölsen
Hochleiten
Piesendf.
Zl.-Schüttdf.
Hundsdf
St. Georgen
Stuhlfdn.
Pirtendorf
Uttendf.
Lengdf.
Steindf.
Walchen
Furth
Segelflugschule
Bruck a. d. Gr.
775
Salzach
Niederhof
168
Niedernsill
Hummersdf
Kaprun
Schl. Kaprun
Felben
Wilhelmsdf.
Salzach
Aisdorf
Mühlbach
Maiskogelbahn
Sigm. Thun Klamm
Furstaualm
24
Vorderstubach
Maiskogel
1615
Glocknerblick
2264
Drei Brüder
Widrechtshsn.
Neuschmied-A
Imbachhorn
2470
Sulzbach
Wiesen
910
2446
Zwölfer Kogel
Salzburger H.
Gleiwitzer H.
Fusch a. d. Gr.
Felben Bach
Ferschbachhausl
Mühlbach
Kapruner Ache
Kesselfall-Alpenhaus
Bad Fusch
Fellern
Stubache
Schneiderau
Krefelder H.
Limbergsperre
Stausee Wasserfallboden
Gamsblick
Sommerskilauf
Kitzsteinhorn
3202
1672
Höher Tenn
3368
Ferleiten
2764
Schwarzkopf
Vdr. Odalm
Htr. Odalm
Enzingerboden
1470
2036
Stausee Mooserboden
Heidnische Kirche
Heinr.-Schweiger-Hs.
3564
Felbertauern
2481
Kitzkarkogel
Hocheiser
3026
Gr. Wiesbachhorn
Fuscher Ache
2989
St. Pöltner H.
2922
2801
Franzosachalm
Tauernmoossee
3419
Klockerin
Edelweißspitze
2577
Panorama
Amertaler See
Sonnblick
3088
Rudolfs-H
Weißsee
Hohe Riffl
3338
Gr. Bärenkopf
3401
Hotel Traunеralm
Fuscher Törl
2405
Mitterschloß
Matreier Tauern-Hs.
2829
Glockenkogel
Granatspitze
3086
Kalser Tauern
2518
Johannisberg
3460
Oberwalder H.
Mittertörl
2373
3438
Eiskögele
3331
Fuscherkarkopf
Hofmanns-Hs
Hochtor
2575
Landeckbach
Dorfer See
Landeckalm
Promenadeweg
Gletscher-Panorama
Raneburger See
65
Muntanitz
3232
Kalser Tauernhs.
Großglockner
3797
Franz-Josefs-Höhe
2362
Pasterzen-Hs.
Glockner-Hs.
Katalalpe
Erzh.-Johann-H.
3454
Adlersruhe
12%
Stausee Margaritze
Gletscherstraße
Winkl
Gruben
Sudetendeutsche-H.
2650
Seilspitze
2956
Studlhütte
2802
Salmhütte
St. Vinzenz
Lucknеr-H.
Berger Törl
2651
Heiligenblut
1288
Kristallkopf
3008
Dergbahn Glocknerblick
Spöttling-Tauer
Neues Lucknеr-Hs.
Glorer-H.
Wirtsbaueralm
2497
Kreuzkopf
Hinteregg
Prosegg
Prosseggklamm
7%
Glanz
St. Peter
Vorderer
Weißenstein
Großdorf
Zedlach
Virgen
Klaunz
2207
Kals-Matreier Törl
Kals am Großglockner
1325
Böses Weible
3121
Mittlerer Langtalsee
Hinterer
Putschall
1053
Mitteldf
Ganz
Matrei in Osttirol
Bichl
108
Seblas
977
Rotenkogel
2762
Lesacher Riegel-H.
1828
Roter Knopf
3281
Elberfelder H.
2340
Gradenbach
Graden-A.
1707
Klausen
Arnig
Gößnitzbach
Tauerntal
Felbertal
Amertal
Stubachtal
Kapruner Tal
Fuschertal
Dorfertal
Seebach

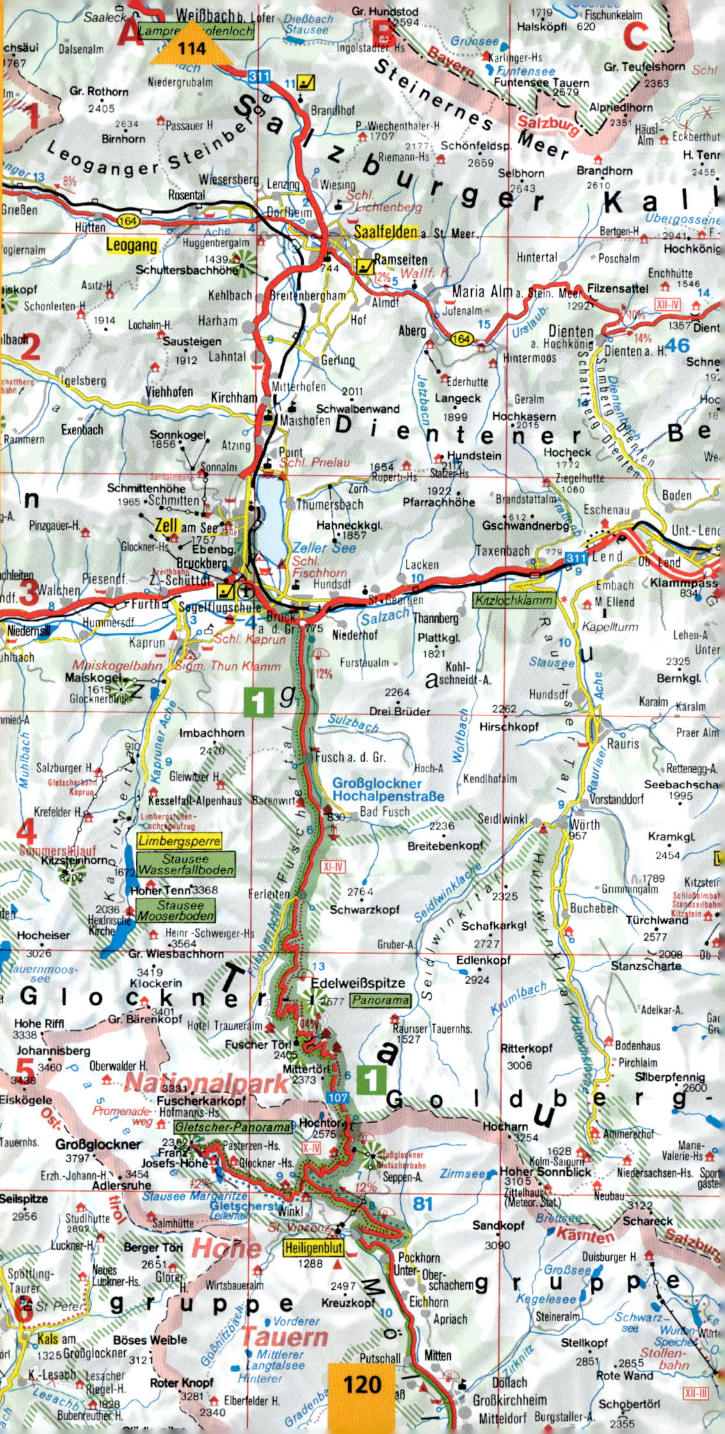

114
120
A
B
C
1
2
3
4
5
6
Weißbach b. Lofer
Lamprechtsofenloch
Dießbach Stausee
Gr. Hundstod 2594
Ingolstädter Hs
Grünsee
Karlinger-Hs
Funtensee
Funtensee Tauern 2579
Bayern
Salzburg
Halsköpfl 1719
Fischunkelalm 620
Gr. Teufelshorn 2363
Alpriedlhorn 2351
Häusl-Alm
Eckberthütte
H. Tenn
Saaleck
Dalsenalm
Gr. Rothorn 2405
Niedergrubalm
Passauer H 2634
Birnhorn
Leoganger Steinberge
Steinernes Meer
Salzburger Kalk
Brandlhof
P.-Wiechenthaler-H 1707
Riemann-Hs 2177
Schönfeldsp. 2659
Selbhorn 2643
Brandhorn 2610
Übergossene
Wiesersberg
Lenzing
Wiesing
Schl. Lichtenberg
Rosental
Dorfheim
Saalfelden a. St. Meer.
Grießen
Hütten
Leogang
Huggenbergalm
Schultersbachhöhe 1439
Ramseiten
Wallf. K.
Hintertal
Poschalm
Bertgen-H
Hochkönig 2941
Erichhütte 1546
Filzensattel 1292
Maria Alm a. Stein. Meer
Jufenalm
Kehlbach
Breitenbergham
Almdf
Hof
Asitz-H
Schonleiten-H
Lochalm-H. 1914
Harham
Sausteigen 1912
Lahntal
Gerling
Aberg
Urslaub
Hintermoos
Dienten a. Hochkönig
Dienten a. H.
Schattberg
Sommberg
Dientenbach
Igelsberg
Viehhofen
Kirchham
Mitterhofen
2011
Schwalbenwand
Maishofen
Dientener Berge
Jetzbach
Ederhutte
Langeck 1899
Geralm
Hochkasern 2015
Rammern
Exenbach
Sonnkogel 1856
Atzing
Point
Schl. Prielau
Sonnalm
Hundstein 2117
Rupertı-Hs 1654
Statzer-Hs
Hocheck 1772
Ziegelhütte 1060
Schmittenhöhe 1965
Schmitten
Thumersbach
Zorn
Pfarrachhöhe 1922
Brandstattalm 612
Gschwandnerbg
Eschenau
Boden
Unt.-Lend
Ob. Lend
Pinzgauer-H.
Zell am See 1757
Ebenbg.
Glockner-Hs
Hahneckkgl. 1857
Zeller See
Schl. Fischhorn
Bruckberg
Lacken
Taxenbach 779
Lend
Embach
M. Ellend
Klammpass 834
Walchen
Piesendf.
Z.-Schüttdf.
Furth
Segelflugschule
Hundsdf
St. Georgen
Kitzlochklamm
Niedernsill
Hummersdf
Bruck a. d. Gr. 775
Salzach
Niederhof
Thannberg
Plattkgl. 1821
Kapellturm
Lehen-A
Unter
Kapruń
Schl. Kaprun
Uhlbach
Maiskogelbahn
Sigm. Thun Klamm
12%
Furstaualm
Kohl-schneidt-A.
Stausee
Rauris
2325
Bernkgl.
Maiskogel 1615
Glocknerblick
2264
Drei Brüder
2262
Hundsdf
Karalm
Imbachhorn 2470
Sulzbach
Hirschkopf
Praer Alm
Mühlbach
Salzburger H.
Gletscherbahn Kaprun
Kapruner Achen
Gleiwitzer H.
Fusch a. d. Gr.
Hoch-A
Woltbach
Kendlhofalm
Rauriser Tal
Rettenegg-A.
Seebachschar 1995
Krefelder H.
Kesselfall-Alpenhaus
Barenwirt
Großglockner Hochalpenstraße
Bad Fusch
830
Vorstanddorf
Limbergstollen-Schrägaufzug
Limbergsperre
Sommerskilauf
Kitzsteinhorn 3203
Stausee Wasserfallboden
Kaprunertal
1672
Hoher Tenn 3368
2036
Heidnische Kirche
Stausee Mooserboden
Heinr.-Schweiger-Hs 3564
Hocheiser 3026
Gr. Wiesbachhorn
Ferleiten
Fuscher Tal
XI-IV
2236
Breitebenkopf
Seidlwinkl
Wörth 957
Kramkgl. 2454
2764
Schwarzkopf
1789
Grimmingalm
Kitzstein
Schloßalmbahn Standseilbahn Kitzstein
Bucheben
Türchlwand 2577
Gruber-A.
Schafkarkgl 2727
Seidlwinkltal
Hüttwinkltal
2098
Stanzscharte
Weißsee
Tauernmoos-see
Klockerin 3419
Edelweißspitze 2577
Panorama
Edlenkopf 2924
Glocknergruppe
Gr. Bärenkopf 3401
Hotel Trauneralm
Rauriser Tauernhs. 1527
Krumlbach
Adelkar-A.
Hohe Riffl 3338
Johannisberg 3460
Oberwalder H.
Fuscher Törl 2405
Mittertörl 2373
Ritterkopf 3006
Bodenhaus
Pirchlalm
Silberpfennig 2600
Nationalpark
Fuscherkarkopf 3331
Hofmanns-Hs
Promenadeweg
107
Goldberggruppe
Eiskögele 3438
Gletscher-Panorama
Hochtor 2575
Hocharn 3254
Ammererhof
Tauernhs.
Großglockner 3797
Franz-Josefs-Höhe 2362
Pasterzen-Hs.
Glockner-Hs.
X-IV
Großglockner Gletscherbahn
Seppen-A.
1628
Kolm-Saigurn
Marie-Valerie-Hs
Erzh.-Johann-H. 3454
Adlersruhe
Hoher Sonnblick 3105
Zittelhaus (Meteor. Stat.)
Zirmsee
Niedersachsen-Hs.
Neubau
Seilspitze 2956
Stausee Margaritze
Gletscherstr. Leiterfall
Winkl
81
3122
Schareck
Tirol
Studlhutte 2802
Salmhütte
St. Vinzenz
Brettsee
Kärnten
Sandkopf 3090
Lucknerhütte
Berger Törl 2651
Hohe Tauern
Heiligenblut 1288
Pockhorn
Unter-Ober-schachern
Duisburger H
Großsee
Spöttling-Taurer
St. Peter
Neues Lucknerhs.
Glorer H.
Wirtsbaueralm
2497
Kreuzkopf
Eichhorn
Apriach
Kegelesee
Steineralm
Schwarzsee
Wurtenspeicher
Stollenbahn
Kals am Großglockner 1325
Böses Weible 3121
Vorderer
Mittlerer Langtalsee
Hinterer
Goßnitzbach
Putschall
Mitten
Stellkopf 2851
2855
Rote Wand
Törl
K.-Lesach
Lesacher Riegel-H. 1828
Roter Knopf 3281
Elberfelder H. 2340
Gradenbach
Döllach
Großkirchheim
Mitteldorf
Burgstaller-A.
Schobertörl 2355
Lesachb.
Bubenreuther H.
XII-III
XII-IV
164
311

116
5 km
Eiskogel
Raucheck
Tenneck
Lungötz
Mahdalm
Hofpürgl
Werfen
Pfarrwerfen
Dorfwerfen
Imlau
Oberlehen
Werfenweng
Freilassinger-H.
Korein
St. Martin
Gerzkopf
Viertal
Sulzenalm
Zeferer
Dorf
Bischofshofen
Weyerberg
Lammertal
Schattbach
Gasthof
Gaier
Filzmoos
Laideregg
Pöham
Hüttau
Gasthofgut
Radstädter-H.
Roßbrand
Strauchenmoos
Hl.-Maximilian
Mair
Hochkeil
Hochkeil-Hs.
Eben im Pongau
Eben i. P.
Höllberg
RADSTADT
Oberdf.
Predigstuhl
Seitenalmhütte
Hochgründeck
Stolz-A.
Blümeck
Ennstal
Reitdf.
Altenmarkt i. P.
Muhlbach
Urreiting
Ginau
Wagrainer Höhe
Flachau
Neuhäusl
Höggen
Vdr. Fagerkopf
St. Johann i. P.
Jausenstein
Schwaighof
Hof
Grießenkar-H.
Skischaukel Flachau-Wagrain
Koglalm
Hammer
Hochglocker
Hahnbaum
Lacken-A.
Lackenkgl.
St. Veit i. P.
Schwarzach i. P.
Wagrain
Vorderkleinarl
Strimskogel
Klammhöhe
Nieder-untersberg
Grafenberg
Gern
Grießenkareck
Garnhofalm
Lichtenstein-Klamm
Grafenbergalm
Rab
Zauchsee
Zauchsee-H
Auhofalm
Wildbühl
Flachauwinkel Süd
Höllwand
Neue Wacht
Kitzstein
Lauernkar-leiten-A.
Mitterkleinarl
Kleinarl
Steinfeldsp.
Au
Breitenebenalm
Thörlstein
Kraxenkogel
Vdr. Gottschal-A.
Schuhflicker
Schied
Kleinarler-H.
Hinterkleinarl
Hafeichtalm
Ob. Tauernalm
Unt.-Enns-A.
Gasthofalm
Südwiener-H.
Obertauern
Dorfgastein
Unterberg
Liebesck
Ursprungalm
Unt. Pleißing-A
Pleißlingkeil
Fulseck
Großarl
Gr.-Elmau
Kl.-Elmau
Jagersee
Kleinarlbach
Permuthwand
Tauerntunnel (6401m)
Lantschfeldalm
Harbach
Draugstein-H.
Draugstein
Moser-mandl
F. Fischer-H.
Aigneralm
Radstädter
Eben
Großarlbach
Wildkarkopf
Tappenkarsee
Tappenkarsee-H
Riedingbach
Spandlalm
Wald
Gries
Hochfeind
Schwarz
Hüttschlag
Orgenhiasalm
Bruckfd.
Bad Hofgastein
Maurach
Glingspitze
Weißeck
Zederhaus
Krottend.
Gamskarkogel
Stecklerhütte
Zederhaus
Gadaunern
Tauern
Pleißnitzkgl.
Marislwand
Remsach
Kötschachdorf
Hühnerkaralm
See
Moritzenalm
Badbruck
Kötschachtal
Gr. Mureck
Rotgülden
Leitenkgl.
Mandlkopf
Karwassersee
Jedl
Bad Gastein
Nationalpark
Unt. Schwarzsee
Ob.
Rotgüldensee-H.
Hafner
Muhr
Prossaualm
Reedsee
Unt. Rotgüldensee
Ob.
Murwinkel
Graukogel
Salzburg
Kärnten
Arlscharte
Kölnbreinsp.
Oblitzen
Steinbachkgl.
Paßau
Bf Böckstein
Palfnersee
Speicher Wastlbauer alm
Gr. Hafner
Ankogel
Speicher Samaralm
Lieserfall
Anlauftal
Schwarzhorn
Kattowitzer H
Lanischseen
Gruppe
Thermal-stollen
Anlaufbach
Mitteralm
Hannoverhs.
Ankogel
Almrausch
Gr. Sonnblick
Gr. Melniksee
Hohe
Osnabrücker H
Klammfall
Malta-Wasserfälle
Schober
Tauerntunnel 8552m
Gamskarlsp.
Ankogelbahn
Hochalmblick
gruppe
Blauer Tümpf
Gmunder H
Reiter
Grünecker See
Celler H.
Karlspitze
Faller Tumpf
Tauerntunnel 8550m
Seebachtal
Seebach
Hochalmspitze
Villacher H
Schmiednock
Angermann
Tauern
Malta
Pflüglhof
Weißgerber-H
Stappitz
Dösener See
Säuleck
Gießener H
Kühlmayralm
Koschach
Mallnitzbach
Mallnitz
Dösental
A.-v.-Schmid-Hs
Ob. Thomanbauer-H.
Gößbach
Böseck
Konradh.
Feistritz
Böseck
Hausleralmhütte
Ritterspitzen
Tandlspitze
Wildpark Maltatal
Lassach
Groppenst.
Hochalm
Reißeck
Bartelmann
Hilpe

116

Eiskogel
Lungötz
Mahdalm-H.
Hofpurgl-H
Oberösterreich
Adamek-H.
Hoher Dachstein
2995
Salzburger Dolomitenstraße
Schichl
Hoferalm
Dachstein-Südwand-H
Werfenweng
Freilassinger-H.
Korein
St. Martin
Gerzkopf
Viertal
Sulzenalm
Zefereralm
Bachler-A.
Turlw
Austria
Dorf
Bischofshofen
Pirnitz-A.
Mitter-scharten
Gaier
Filzmoos
Steiermark
Weyerberg
Lammertal
Schattbach
Mandling
Schildlehen
Pöham
Hüttau
Gasthof
Radstädter-H.
Roßbrand
Mandling
Gasthofgut
Eben i. P.
Strauchenmoos
Pichl
Eben im Pongau
Höllberg
RADSTADT
Oberdf.
Predigstuhl
Enns
Salzburg
Gleiming
Pichl-Preunegg
Hochgründeck
Blümeck
Stolz-A.
Ennstal
Seitenalmhütte
Forstau
Preunegg
Reitdf.
Altenmarkt i. P.
Lien
Retteralm-H.
Urreiting
Ginau
Wagrainer Höhe
Schwaighof
Flachau
Neuhäusl
Höggen
Vdr. Fagerkopf
Hochw
Jausenstein
Grießenkar-H.
Flachau
Hammer
Hahnbaum
Skischaukel Flachau-Wagrain
Lacken-A.
Hinterer Frager
Aualm
Steinkarhöhe
Wagrain
Koglalm
Lackenkgl.
Taurach
Forstaubach
Vorderkleinarl
Zauchbach
Strimskogel
Hinterer Geißstein
Grafenberg
Gern
Grießenkareck
Rab
Garnhofalm
Untertauern
Grafenbergalm
Zauchsee
Zauchsee-H
Vögei-A.
Ursprung
Auhofalm
Wildbühl
Flachauwinkel Süd
Tauernkar-leiten-A.
Oberhüttenalm
Kitzstein
Seekarsp.
Seekarhaus
Lungauer
Mitterkleinarl
Kleinarl
Steinfeldsp.
Hundsfeldsee
Breitenebenalm
Thörlstein
Kraxenkogel
Vdr. Gottschal-A
Sonnhof
Dr.-Th.-Körner-Hs
Kleinarler-H.
Hinterkleinarl
Unt.-Enns-A.
Hafeichtalm
Gamska
Obertauern
Böhemiahütte
Ob.-Tauernalm
Gasthofalm
Südwiener-H.
Zehnerkarbahn
Radstädter Tauern
Jugendheim Schaidberg
Kleinarlbach
Liebeseck
Unt.-Pleißing-A
Pleißlingkeil
Jagersee
Ursprungalm
Untere Zehner-A.
Elmau
Permuthwand
Tauerntunnel (6401m)
Lantschfeldbach
Gurpitsch
Draugstein-H.
Mosermandl
Lantschfeldalm
Twenger
Draugstein
F. Frischer-H.
Aignerlalm
Tweng
Radstädter Tauern
Großarlbach
Wildkarkopf
Hochfeind
Schwarzeck
Weißeneck
Tappenkarsee
Riedingbach
Tappenkarsee-H
Spandlalm
Wald
Gries
Hüttschlag
Örgenhiasalm
Bruckfd.
Scharreck
Maurach
Glingspitze
Zederhaus
Weißeck
Zederhaus
Stücklerhütte
Krottend.
Pleißnitzkgl.
Marislwand
Lamm
Fell
Tauern
See
Zederhaustal
Speier
Moritzenalm
Gr. Mureck
Rotgulden
Leitenkgl.
Mandlkopf
Karwassersee
Jedl
Ober-Weisburg
Unter-
Schwarzsee
Rotgüldensee-H.
Mur
Muhr
Prossaualm
Nationalpark
Unt. Ob. Rotgüldensee
Murwinkel
Hemerach
Hafner-
Reedsee
Arlscharte
Kölnbreinsp.
Oblitzen
Schellgaden
Steinbachkgl.
Salzburg
Kärnten
Speicher Wastlbaueralm
Lieserfall
Gr. Hafner
Kareckhaus
Katschbergtunnel (5439m)
Pölla
Speicher Samerālm
Lanischsee
Schwarzhorn
Kattowitzer H
Gruppe
Lieser
Tendel-A
Gries
Gr. Sonnblick
Almrausch
Hohe
Mitteralm
Ankogel
Gr. Melniksee
Hannoverhs.
Osnabrucker H
Klammfall
Malta-Wasserfälle
Schober
St. Peter
Ankogelbahn
Hochalmblick
Blauer Tümpf
Gmunder H.
Reitereck
Zicker-A.
Karlspitze
Celler H.
Faller Tumpf
Rennwe
Seebachtal
Villacher H
Schmiednock
Seebach
Hochalmspitze
Stubeck
Tauern
Malta
Pflugl hof
Säuleck
Dösener See
Gießener H.
Kohlmayralm
Burgstallbe
Dösental
A.-v.-Schmid-Hs
Schleierfall
Koschach
Frido-Kordon-H
Thomanbauer-H.
Gößbach
Konradh.
Feistritz
Maria Hilf
Malta
Drehtalbach
Kremsbri
Tristenspitze
Ritterspitzen
Wildpark Maltatal
Hilpersdf.
Lassach
Hochalm
Bartelmann
Leoben

117
D
E
F
1
2
3
4
5
6
5 km
Kammspitze
Hofmanning
Mitterberg
Gersdorf
Stoderzinken
Steiner-Hs.
Gröbming
Stein a.d.Enns
Tunzendf.
Pruggern
Assach
Aich
Weißenbach a. d. E.
Luser Wand
Haus
Ennsling
Ruperting
SCHLADMING
Oberhaus
Knaplhof
Planei
Hauser Kaibling
Hans-Wödl-H.
Bodensee
Hüttensee
Obersee
Höchstein
Hochwildstelle
Pleschnitzzinken
Pleschnitzzinken-H.
Sattentalalm
Spateck
Michaelerberg
Kleinsölk
Großsölk
Gatschberg
Gumpeneck
Dornkarspitze
Karlspitz
Pendleseck-Kogel
Mörsbachhütte
Potz
Krall
Ödwirt
Stricker
Naturpark
Sölktäler
Mößna
St. Nikolai
Sagschneider
Gr. Knallstein
Kaltherberg
Weißensee
Schwarzensee
Mitterreck
Schwarzenseealm
Waldhorn
Unt. Sonntagkarsee
Riesachsee
Riesachfälle
Preintaler-H.
Breitlahn-H.
Krügerzinken
Weiße Wand
Wieser-A.
Hopfriesen
Tristhof
Duisitzsee-H.
Neu-A.
Landwiersee-H.
Golling-H.
Hochgolling
Zugriegealm
Graunock
Putzenalm
Innerneualm
Predigtstuhl
Gamskarsp.
Landschitz-see
Schimpelhütten
Hohensee
Süßleiteck
Sölkpass
Rudolf-Schober-H.
Rantensee
Schladminger Tauern
Lahneck
Himmelfeldeck
Rupprechtseck
Eisenhut
Haswaalm
Etrachsee
Hocheck
Kaiserck
Vdr. Göriachalmen
Vdr. Urbanalm
Ob. Piendlalm
Lasshofer-H.
Roteck
Assendlalm
Preber
Seewaldalm
Winkelkapelle
Grazer H.
Fiegler
Klausen
Berg
Krakauhintermühlen
Krakaudf.
Krakau-schatten
Etrach
Hintergöriach
Lessach
Lercheck
Alpengasthof
Prebersee
Wadschober
Hallinger
Seebach
Michlbauer
Allgau
Weißpriach
Grabendf.
Vorder-göriach
Zoitzach
Ru. Turnschall
Paieralm
Seethal
Gstoder
Fanning
Faningberg
Bruckdf.
Mariapfarr
St. Andrä i.L.
Wölting
Refling
Sauerfeld
Moor-A.
Schaltneralm
Hartlamalm
St. Ruprecht a.M.
Lutzmannsdf.
Pichl
Unternbg.
Neggerndf.
Tamsweg
Moosham
St. Martin
Pischelsdf.
Schwarzenberg
Kohlstatt-H.
Hochkopf
Lasaberg
Mitterberg
Grub
Grauschelalm
Falkendorf
Goppelsbach
Einach
Stadl a. d. M.
Esebeck H.
Paal
Pichlern
Gruben
St. Margarethen i. L.
Thomatal
Bundschuh
Thomabach
Muhr
Ramingstein
Kendlbruck
Predlitz
Kirbisch
Fegendf.
Pirkegg
Aineck
Neue Bonner H.
Grübl
Steigeralm
Mislitzbach
Grabenwirt
Turrach
Paalgraben
Stöller
Pranker
Kaltwasser
Grießner H.
Würflinger Höhe
Mühlhauserhöhe
Wirtsalm
Sameralm
Rotofen
Salzburg
Steiermark
Hannebauer
Schwarzwand
Morawitzer A.
Karneralm
Davidl-A.
Ochsenriegel
Kilnprein
Gaipahöhe
Speiereck
Dr.-J.-Mehrl-H.
Hutmannhaus
Rosatinalpe
Minibach
Kärnten
Felfernigthal
Müllner H.
Nock-gebiet
Innerkrems
Frùauf
Reißeck
Turrach
Eisenhut
Scharbach
Flattnitz
Rosaninsee
Mühlbacher Nock
Vorderkrems
Hohe Pressing
Heiligenbach-A.
Gr. Königstuhl
Bauer-A.
Hirnkopf
Spitzer A.
Seewirt
Turrachsee
123

MARCO POLO

Für Ihre nächste Reise gibt es folgende Titel:

Deutschland

Allgäu
Amrum/Föhr
Bayerischer Wald
Berlin
Bodensee
Chiemgau/ Berchtesgaden
Dresden
Düsseldorf
Eifel
Erzgebirge/ Vogtland
Franken
Frankfurt
Hamburg
Harz
Heidelberg
Köln
Leipzig
Lüneburger Heide
Mark Brandenburg
Mecklenburgische Seenplatte
Mosel
München
Nordseeküste: Schleswig-Holstein
Oberbayern
Ostfries. Inseln
Ostfriesland: Nordseeküste Niedersachsen
Ostseeküste: Mecklenburg-Vorpommern
Ostseeküste: Schleswig-Holstein
Pfalz
Potsdam
Rügen
Ruhrgebiet
Schwarzwald
Spreewald/ Lausitz
Stuttgart
Sylt
Thüringen
Usedom
Weimar

Frankreich

Bretagne
Burgund
Côte d'Azur
Disneyland Paris
Elsass
Frankreich
Frz. Atlantikküste
Korsika
Languedoc-Roussillon
Loire-Tal
Normandie
Paris
Provence

Italien Malta

Apulien
Capri
Dolomiten
Elba
Emilia-Romagna
Florenz
Gardasee
Golf von Neapel
Ischia
Italien
Italien Nord
Italien Süd
Ital. Adria
Ligurien
Mailand/ Lombardei
Malta
Oberital. Seen
Piemont/Turin
Rom
Sardinien
Sizilien
Südtirol
Toskana
Umbrien
Venedig
Venetien/Friaul

Spanien Portugal

Algarve
Andalusien
Barcelona
Costa Blanca
Costa Brava
Costa del Sol/ Granada
Fuerteventura
Gomera/Hierro
Gran Canaria
Ibiza/Formentera
Lanzarote
La Palma
Lissabon
Madeira
Madrid
Mallorca
Menorca
Portugal
Spanien
Teneriffa

Nordeuropa

Bornholm
Dänemark
Finnland
Island
Kopenhagen
Norwegen
Schweden

Osteuropa

Baltikum
Budapest
Königsberg/ Ostpreußen Nord
Masurische Seen
Moskau
Plattensee
Polen
Prag
Riesengebirge
Rumänien
Russland
St. Petersburg
Slowakei
Tschechien
Ungarn

Österreich Schweiz

Berner Oberland/ Bern
Kärnten
Österreich
Salzburger Land
Schweiz
Tessin
Tirol
Wien
Zürich

Westeuropa und Benelux

Amsterdam
Brüssel
England
Flandern
Irland
Kanalinseln
London
Luxemburg
Niederländ. Küste
Niederlande
Schottland
Südengland
Wales

Südosteuropa

Athen
Bulgarien
Chalkidiki
Griechenland Festland
Griechische Inseln/Ägäis
Ionische Inseln
Istrien/Kvarner
Istanbul
Korfu
Kos
Kreta
Kroatische Küste
Peloponnes
Rhodos
Samos
Slowenien
Türkei
Türkische Mittelmeerküste
Zypern

Nordamerika

Alaska
Chicago und die Großen Seen
Florida
Hawaii
Kalifornien
Kanada
Kanada Ost
Kanada West
Los Angeles
New York
Rocky Mountains
San Francisco
USA
USA Neuengland
USA Ost
USA Südstaaten
USA Südwest
USA West
Washington, D.C.

Mittel- und Südamerika Antarktis

Antarktis
Argentinien/ Buenos Aires
Bahamas
Brasilien
Chile
Costa Rica
Dominikanische Republik
Ecuador/ Galapagos
Jamaika
Karibik I
Karibik II
Kuba
Mexiko
Peru/Bolivien
Südamerika
Venezuela
Yucatán

Afrika Vorderer Orient

Ägypten
Djerba/ Südtunesien
Dubai/Emirate/ Oman
Israel
Jemen
Jerusalem
Jordanien
Kenia
Libanon
Marokko
Namibia
Südafrika
Syrien
Türkei
Türkische Mittelmeerküste
Tunesien

Asien

Bali/Lombok
Bangkok
China
Hongkong/ Macau
Indien
Japan
Ko Samui/ Ko Phangan
Malaysia
Nepal
Peking
Philippinen
Phuket
Singapur
Sri Lanka
Taiwan
Thailand
Tokio
Vietnam

Indischer Ozean Pazifik

Australien
Hawaii
Malediven
Mauritius
Neuseeland
Seychellen
Südsee

Sprachführer

Arabisch
Englisch
Französisch
Griechisch
Italienisch
Kroatisch
Niederländisch
Norwegisch
Polnisch
Portugiesisch
Russisch
Schwedisch
Spanisch
Tschechisch
Türkisch
Ungarisch

In diesem Register sind alle in diesem Führer erwähnten Orte und Ausflugsziele verzeichnet. Halbfette Seitenzahlen verweisen auf den Haupteintrag, kursive auf ein Foto.

Schreiben Sie uns!

Liebe Leserin, lieber Leser,

wir setzen alles daran, Ihnen möglichst aktuelle Informationen mit auf die Reise zu geben. Dennoch schleichen sich manchmal Fehler ein – trotz gründlicher Recherche unserer Autoren/innen. Sie haben sicherlich Verständnis, dass der Verlag dafür keine Haftung übernehmen kann. Wir freuen uns aber, wenn Sie uns schreiben.

Senden Sie Ihre Post an die MARCO POLO Redaktion,
Mairs Geographischer Verlag, Postfach 31 51, 73751 Ostfildern,
marcopolo@mairs.de

Impressum

Titelbild: Dienten im Pinzgau (Huber: Gräfenhain)
Fotos: HB Verlag (16, 28, 69, 101); HB Verlag: Trummer (U M., U r., 2 u., 4, 6, 7, 24, 25, 34, 37, 47, 48, 49, 50, 54, 64, 76, 79, 83, 91, 102, 105, 106); R. Hicker (5 l., 9, 12, 18, 20, 26, 27, 30, 32, 38, 57, 58, 59, 62, 92, 94, 95); Huber: Gräfenhain (111); G. Jung (61, 96); Mauritius: Geiersperger (45); H. P. Merten (40); P. Santor (5 r., 82); Schapowalow: Wagner (74); Schuster: Mallaun (2 o.); T. Stankiewicz (10, 14, 22, 35, 86, 98); W. Storto (U l., 63, 68, 89); E. Wrba (1, 70, 73)

7., aktualisierte Auflage 2003 © Mairs Geographischer Verlag, Ostfildern
Herausgeber: Ferdinand Ranft, Chefredakteurin: Marion Zorn
Redaktion: Corinna Walkenhorst, Bildredaktion: Gabriele Forst (Leitung)
Kartografie Reiseatlas: © Mairs Geographischer Verlag/Falk Verlag, Ostfildern
Gestaltung: red.sign, Stuttgart

Printed in Germany. Gedruckt auf 100% chlorfrei gebleichtem Papier

Bloß nicht!

Ein paar Tipps, damit Sie sich nicht in unliebsame Situationen oder Gefahr bringen

In der Stadt Salzburg falsch parken
Es empfiehlt sich ganz und gar nicht, mit dem Auto in die Stadt Salzburg zu fahren, weil die Parkmöglichkeiten im engen Stadtzentrum rar sind. Von den Autobahnabfahrten Nord und Süd gibt es Shuttle-Verbindungen ins Zentrum. Das Netz öffentlicher Verkehrsmittel ist gut ausgebaut. Da Pkw oft sogar auf den Busspuren parken, wird regelmäßig zwischen 10 und 11 Uhr abgeschleppt. Die Einheimischen kennen das Ritual, daher finden sich stets Zuschauer ein. Rigoros abgeschleppt wird auch von jenen Parkplätzen, die für Behinderte vorgesehen sind, und das Auslösen des Autos ist nicht billig.

Blauäugig in den Bergen wandern
Ziehen Sie auf keinen Fall Tennisschuhe zum Bergwandern an! Die richtige Ausrüstung kann entscheidend für den Ausgang eines Wandertages sein. Die häufigste Ursache der Bergunfälle besteht aber darin, dass die Betroffenen ihre Fähigkeiten überschätzt haben. Sie schaffen den Aufstieg, gelangen aber auf dem Rückweg an den Rand ihrer Kräfte und reagieren dann bei einem überraschenden Schlechtwettereinbruch panisch. Es ist wichtig, beim Aufbruch vom Quartier oder einer Hütte Angaben über Weg und Ziel zu hinterlassen für den Fall, dass eine Suchaktion nötig werden sollte. Schneefelder und Gletscher in Hochlagen sollten nicht ohne Führer betreten werden. Die Gletscherspalten sind tückisch.

Lawinengefahr unterschätzen
Jeden Winter gibt es in den Bergen des Salzburger Landes und des Salzkammerguts Lawinenopfer zu beklagen. In allen Skigebieten sind jene Bereiche genau ausgewiesen, die lawinengefährdet sind. Trotzdem kommt es immer wieder vor, dass einzelne Skifahrer ausbrechen. Geben Sie auf keinen Fall der Versuchung nach, ihnen nachzufahren! Die Schneedecke hält vielleicht den ersten Fahrer aus und den zweiten, aber beim dritten kann es zur Auslösung der Lawine kommen. Es ist dumm, sich auf Risiken und Abenteuer einzulassen, die Gefahren sind viel zu groß.

Stiere für zutraulich halten
Der Urlaub auf dem Bauernhof kann insbesondere für Kinder reizvoll sein. Sie lernen unter anderem den Umgang mit Tieren kennen. Es ist aber nicht ratsam, sich Tieren auf der Weide allzu vertraulich zu nähern. Vor allem Stiere, aber auch Widder können aggressiv reagieren!